미래의 부자인 _____ 님을 위해
이 책을 드립니다.

빠르게 읽고
바로 활용하는
전자공시

빠르게 읽고 바로 활용하는
전자공시

초판 1쇄 발행 | 2025년 12월 29일

지은이 | 김종혁
펴낸이 | 박영욱
펴낸곳 | 북오션

주　소 | 서울시 마포구 월드컵로 14길 62 북오션빌딩
이메일 | bookocean@naver.com
네이버블로그 | blog.naver.com/bookocean_rabbit
페이스북 | facebook.com/bookocean.book
인스타그램1 | instagram.com/bookocean777
인스타그램2 | instagram.com/supr_lady_2008
X | x.com/b00k_0cean
틱톡 | www.tiktok.com/@book_ocean17
유튜브 | 쏠쏠TV・쏠쏠라이프TV
전　화 | 편집문의: 02-325-9172　영업문의: 02-322-6709
팩　스 | 02-3143-3964

출판신고번호 | 제 2007-000197호

ISBN 978-89-6799-916-2 (03320)

*이 책은 (주)북오션이 저작권자와의 계약에 따라 발행한 것이므로 내용의 일부 또는 전부를 이용하려면 반드시 북오션의 서면 동의를 받아야 합니다.
*책값은 뒤표지에 있습니다.
*잘못 만들어진 책은 구입하신 서점에서 교환해 드립니다.

위치로 읽는 전자공시 활용법

빠르게 읽고 바로 활용하는 전자공시

김종혁 지음

북오션

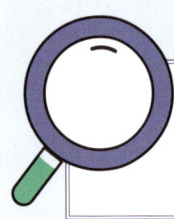
전자공시란?

"한국은 기업들의 각종 정보를 누구나 접근 가능하게 공개하고 있다. 주식 투자자에게는 최고의 시스템이다."

"세계 어디에도 한국처럼 기업에 대한 궁금증을 바로 확인할 수 있는 나라는 없다."

역사상 가장 위대한 투자자로 불리는 워렌 버핏이 과거 방한했을 때 'DART 전자공시시스템'을 두고 한 말이다. DART는 금융감독원이 운영하는 기업정보전자공시 시스템이다. 어떤 종목에서 주가에 영향을 미칠 수 있는 중대한 변화가 생겼을 때, 기업은 이를 정해진 공시 양식에 따라 자세히 알려야 한다. 그래서 DART에는 투자에 직결되며 신뢰할 수 있는 정보들이 실시간으로 오르내리고 있다.

공시가 알려주는 기업의 이야기는 정말 다양하다. 계약 공시를 통해 앞으로의 실적도 점쳐볼 수 있으며, 심지어는 그 종목에 대해 많은 정보를 알고 있는 회사 내부의 임원이 보유한 주식 중 단 1주를 매수 혹은 매도하더라도 관련된 공시가 제출된다. 또한 상세한 정보를 자랑한다. 만약 기업이 외부에서 자금을 투자받았다면 이를 알리는 것에 그치지 않는다. 어디에 사용할 목적인지, 투자자는 누구이며 그 투자자가 당사와 어떤 관계에 있는지 등 빈틈없이 정보를 공개한다.

우리는 정보의 홍수 속에 살고 있다. 약간의 검색만으로도 그럴싸한 투자 종목들을 쉽게 접할 수 있다. 그럼에도 주식 투자는 여전히 어렵고 실질적인 수익률 상승은 머나먼 이야기다. 팩트와 거리가 먼 정보, 과도하게 낙관적인 전망들이 곳곳에서 우리를 유혹하고 있기 때문이다. 그래서 지금은 몰라서가 아닌 '알아서' 투자에 실패하는 시대라고 볼 수 있다. 험난한 주식시장에서 생존확률을 높이려면 반드시 혼재된 정보들 틈에서 나쁜 투자 아이디어를 걸러낼 수 있어야 한다.

DART에 올라오는 공시는 금융감독원이 인증한 정보다. 만약 공시 제출 기준을 충족하지 못할 경우 기업에는 불성실공시법인이라는 오명이 붙으며 벌점이 쌓인다. 힘들게 쌓아온 기업 이미지에도 먹칠이며, 이 벌점이 기준을 넘어가면 상장폐지 수순을 밟을 수도 있다. 따라서 기업들은 공시 보고서에 신경을 쓸 수밖에 없다.

수익률에 있어서도 전자공시는 매우 중요하다. 흔히들 투자는 타이밍이라고 말한다. 아무리 주가가 오를 수밖에 없는 호재가 터졌다 하더라도, 이를 접하고 매매하는 시점에 따라 결과는 천차만별이다. 그런데 최근에는 주식시장이 이슈를 반영하는 속도가 점점 빨라지고 있다. 이 호재(또는 악재)를 누군가가 글이나 영상으로 친절하게 풀어서 설명해줄 때까지 주가는 절대 기다려주지 않는다.

특히 요즘에는 특정 종목의 주가가 오르기 시작하면 기사는 물론, 유튜브와 쇼츠 등 각종 온라인 매체에서 해당 종목에 대한 정보가 셀 수 없이 쏟아진다. 하지만 그러한 정보를 접하고 투자를 결심했을 때 이후 주가가 기대했던 방향으로 흘러갔는지를 생각해보면 그렇지 않은 경우도 정말 많다.

이러한 점에서 우리는 전자공시에 익숙해져야 한다. 수많은 투자 관련 소스들이 전자공시를 재료로 만들어진 2차 정보이다. 물론 이렇게 가공된 2차 정보들이 이해하기에 훨씬 수월하며 다양한 관점의 해석이 담겨 있는 것은 사실이다. 하지만 이미 여러 사람의 손을 거친 자료이다. 우리가 이 자료를 접했을 때 주가에는 이미 반영이 되어 있다. 남들보다 한 발 빠른 투자 타이밍을 가져가는 능력은 원출처이자 1차 정보인 전자공시 원문을 이해하는 것에서부터 갈리기 시작한다.

읽어야 할 부분은 정해져 있다

전자공시의 중요성에 대해서는 많은 이들이 공감할 것 같다. 하지만 실제 공시를 읽어보면 낯선 용어와 복잡한 수치들로 인해 투자 아이디어는커녕 무슨 말을 하는지조차 이해하기 어렵다. 주식 초보자라면 말할 것도 없으며, 잔뼈가 굵은 투자자들도 이러한 어려움에 전자공시를 멀리하는 경우가 많다.

전자공시는 투자설명서가 아니다. 그저 공시 의무가 발생했기에 제출된 '정형화된 양식'의 보고서다. 무미건조한 글자와 수치들 틈에 투자자들이 꼭 체크해야 할 정보와 굳이 알 필요 없는 사항들이 불친절하게 뒤섞여 있다. 그래서 공시 지면 '전체'를 이해해야 한다는 오해를 버리는 것이 가장 급선무다.

이 책은 전자공시의 특징 중 '정형화된 양식'에 주목했다. 각기 다른 기업들이 제출한 공시라 할지라도 같은 공시라면 동일한 양식으로 쓰여 있다. 즉, 이 양식에 따라 투자자들이 꼭 체크해야 하는 정보가 있는 위치도 동일하다. 주요 정보의 위치를 염두에 두고 전략적으로 접근한다면 보다 쉽고 빠르게 공시를 활용할 수 있다.

유상증자 공시를 예로 들어보자. 유상증자를 간단히 말하자면 주식을 새로 발행하여 신규 투자를 받는 자금조달 방식이다. 보통 A4 기준 4~6페이지 정도로 분량이 만만치 않은 편에 속한다. 아래 공시 양식을 보면 용어들도 낯설고 복잡하다. 만약 회계사라면 공시 전체를 꼼꼼히 읽으며 오류 여부를 체크해야 할 것이다. 하지만 본인이 투자자라면 전체 내용을 파악하기 위해 공시와 씨름하는 것은 너무나 비효율적이다. 컬러 표시된 부분만 확인해도 공시에서 얻어갈 수 있는 투자정보는 모두 확보할 수 있다.

○ 유상증자 공시 양식

1. 신주의 종류와 수
2. 1주당 액면가액(원)
3. 증자전 발행주식총수(주)
4. 자금조달의 목적
5. 증자방식
6. 신주 발행가액
7. 기준주가
7-1. 기준주가 산정방법
7-2. 기준주가에 대한 할인율
7-3. 할인율 산정 근거
8. 제3자 배정에 대한 정관의 근거
9. 납입일

10. 신주의 배당기산일
11. 신주권 교부 예정일
12. 신주의 상장 예정일
13. 현물출자로 인한 우회상장 해당여부
14. 우회상장 요건 충족 여부
15. 이사회결의일
16. 증권신고서 제출대상 여부
17. 제출을 면제받은 경우 그 사유
18. 청약이 금지되는 공매도 거래 기간
19. 공정거래위원회 신고대상 여부
20. 기타 투자판단에 참고할 사항
[제3자 배정 근거, 목적 등]
[제3자 배정 대상자별 선정경위, 거래내역, 배정내역 등]

첫째, 얼마의 신규 투자자금이 필요하며, 어떠한 목적으로 자금을 조달했는가? [4. 자금조달의 목적]에는 6가지가 있다. 이 중 해당되는 목적에 금액으로 체크되어 있다. 둘째, 이 거액의 자금을 투자한 주체는 누구인가? [5. 증자방식]이 '제3자 배정'이라면 [제3자 배정 대상자별 선정경위, 거래내역, 배정내역 등]을 체크해야 한다. 그 투자자에 대한 정보가 명시되어 있다. 특히 해당 기업과 유상증자 참여자가 어떠한 관계에 있는지 등 자세한 정보를 알려주기 때문에 매우 유용하다. 셋째, 이들이 주식을 매집한 단가는 얼마인가? [6. 신주 발행가액]에 금액으로 표기되어 있다.

위 표에서 컬러가 칠해지지 않은 나머지 항목들은 읽어보면 좋지만, 그냥 넘어가도 상관없다. 추가적인 이해를 돕거나, 여타 절차에 대한 내용, 그리고 다른 항목에 대한 근거가 되는 부분이다. 많은 시간과 노력을 들일 만큼 결정적인 내용은 없다.

본 책의 구성은 크게 세 단계로 나뉜다. 우선 공시에 대한 기본적인 설명이다. 기업이 어떤 상황에 처했을 때, 혹은 기업이 어떤 의도를 가졌을 때 해당 공시가 제출되는지를 다루었다. 이때 공시에 직접적으로 사용되는 용어는 물론이며, 주가에 어떤 영향을 미치는지까지 빼먹지 않았다.

[DART 미리보기]는 공시 전체를 큰 틀에서 조망하는 부분이다. 어느 부분을 중점적으로 읽어야 하는지 표시가 되어 있다. 이를 중심으로 공시 해석의 틀을 잡고, 앞서 다룬 내용을 요약했다. 그리고 [사례]에서 이 방식 그대로 실제 공시에 적용해보고 주가는 어떻게 움직였는지 확인하며 마무리했다.

DART 금융감독원 전자공시시스템

　포털 검색창에 '전자공시'를 검색하면 '금융감독원 전자공시시스템'이란 사이트를 찾을 수 있다. 화면 중앙의 '공시통합검색'에 원하는 '회사명'을 입력하면 그 회사가 제출한 공시들을 시간순으로 확인할 수 있다.
　만약 특정 종목이 궁금한 것이 아니라 특정 공시를 제출한 종목들을 조회하고 싶다면 검색조건을 '보고서명'으로 바꾼 후 원하는 공시명을 입력하면 된다. 예를 들어 최근 임원 등 내부자들의 매수나 매도가 이뤄진 종목들 조회하고 싶다면 보고서명에 임원을 검색하여 '임원·주요주주특정증권등소유상황보고서'를 클릭하면 된다.

본 책에서 다루는 주요사항보고서뿐 아니라 사업보고서와 반기 및 분기보고서 등 재무제표도 이곳에서 확인할 수 있다. 또한 검색조건을 '본문 내용'으로 바꾸어 원하는 특정 단어를 검색하면 그 단어가 본문에 실려 있는 공시들을 모두 통합해서 찾을 수도 있다.

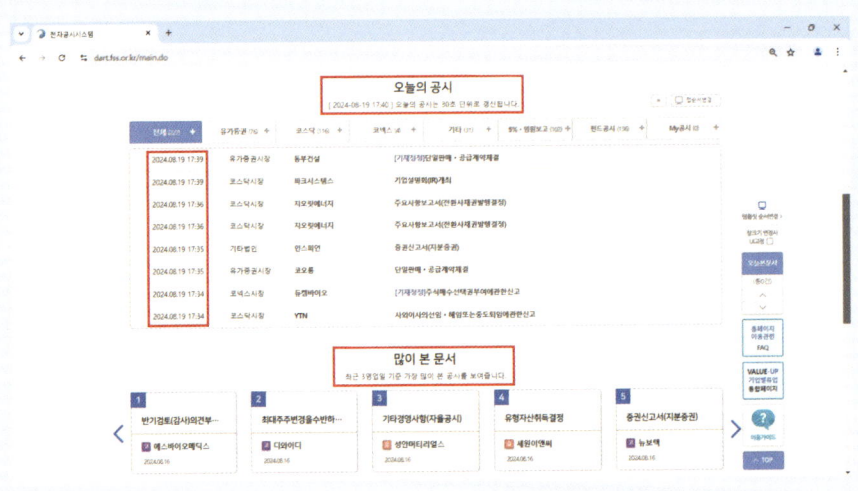

화면을 조금 내리면 '오늘의 공시'와 '많이 본 문서'를 확인할 수 있다. 우선 오늘의 공시는 여러 상장사들이 제출한 공시를 실시간으로 확인할 수 있어 주식 투자자에게 매우 중요하다. 기업에게 발생한 사건과 소식이 주가에 반영되는 속도는 점점 빨라지고 있기 때문이다. 기업이 수주를 따냈을 때 나오는 공급공시, 외부에서 자금을 투자받았을 때 나오는 제3자 배정 유상증자 공시, 높은 비율의 무상증자 공시 등이 나왔을 때 일순간에 주가가 움직이는 경우가 비일비재하다. 그래서 실시간으로 수많은 상장사의 공시를 한 번에 확인할 수 있는 '오늘의 공시'는 반드시 확인해야 할 곳 중 하나다.

또한 '많이 본 문서'를 통해서는 최근 시장의 관심이 어떤 종목에 쏠려 있는지를 알 수 있다. 최근 3영업일 동안 가장 많이 열람된 공시가 어떤 것인지 나열하고 있으며 화살표를 클릭해 상위 20개까지 확인할 수 있다.

만약 주식 시장이 열려 있는 동안 바쁜 업무에 시달리는 직장인이라면 '금융감독원 모바일 전자공시(DART)'란 앱을 활용하는 것도 매우 유용하다. 앱을 실행한 후 모바일 화면 하단의 'MY'를 클릭한 뒤 관심 기업 알림 설정을 해두면 해당 종목에서 공시가 제출되었을 때 휴대폰에 즉시 알림이 울린다. 직장과 주식을 병행하는 개인 투자자는 물론, 전업 투자자들의 투자 여정에도 앞으로 전자공시 앱이 큰 도움이 될 것이라고 확신한다.

차례

전자공시란? ... 4
읽어야 할 부분은 정해져 있다 ... 7
DART 금융감독원 전자공시시스템 ... 11

Chapter 01
자기주식취득

자기 회사 주식을 사들이는 이유 ... 22
기업의 주가부양 의지는 '취득 방식'에서 드러난다 ... 25
주식을 태워 없애는 것은 호재 ... 28
  ◦ DART 미리보기_자기주식취득 결정, 자기주식취득 신탁계약 결정 ... 30
  ◦ [사례] 현대자동차, 2005년 이후 최대 규모의 자사주 취득 ... 34

Chapter 02

공개매수

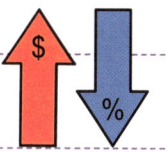

당신의 주식, 제가 비싸게 살게요	40
공개매수자는 어쩌다 을이 되었나	43
◦ DART 미리보기_공개매수신고서 〈요약〉	46
◦ [사례] 자발적으로 상장폐지를 선택한 맘스터치	49

Chapter 03

주식분할·병합

가격과 수량 빼고 다 똑같다	54
하지만 시장의 평가와 심리에 영향을 미친다	57
◦ DART 미리보기_주식분할, 주식병합	60
◦ [사례] 50분의 1로 분할된 삼성전자	62

Chapter 04

무상증자와 무상감자

돈의 위치만 바뀌었다	66
아무나 할 수 없는 무상증자	70
무상감자, 주주들의 눈물로 기업을 살리다	73
◦ DART 미리보기_무상증자, 무상감자	76
◦ [사례] 무상증자를 배당처럼 활용해온 유한양행	81

Chapter 05

유상증자

자본금이 늘어나는 유상증자, 왜 악재일까?	86
증자의 목적에 따른 나쁜 증자와 좋은 증자	89
미리 알고 피하기	92
나도 참여할 수 있을까? : 유상증자의 세 가지 종류	95
관건은 제3자 배정 유상증자	98
유상증자에 참여하는 방법	101
◦ DART 미리보기_유상증자	104
◦ [사례] 바이오니아, 유상증자에 대거 참여한 투자회사들	108

Chapter 06

주식연계채권

주식인가, 채권인가?	116
주식연계채권의 세 가지 종류 : CB, EB, BW	120
전환가액은 매입단가와 다름없다	124
기분 좋은 주가하락, 전환가액 조정	128
빨리 갚으세요 : 중도상환 청구	134
◦ DART 미리보기_전환사채권 발행 결정	136
◦ [사례] 영화 〈기생충〉 제작사, 바른손이앤에이의 전환사채 발행	142

Chapter 07

지분공시

5%룰, 경영권을 지키는 경보음	152
신규보고, 단순투자 목적, 장내매수에 주목하라	155
진짜 정보는 내부자들에게 있다	159
◦ DART 미리보기_주식등의대량보유상황보고서, 임원·주요주주특정증권등소유상황보고서	162
◦ [사례] 덕성, 테마주에서 나온 임원 매도공시	167

Chapter 08

단일판매·공급계약

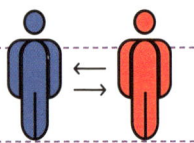

관건은 '매출액 대비(%)'와 '계약기간'	174
누구와 거래했나?	177
◦ DART 미리보기_단일판매·공급계약 체결	180
◦ [사례] 거래정지급 대형계약을 체결한 영화테크	183

Chapter 09

배당

딱 하루만 투자해도 배당금을 받을 수 있다	188
◦ DART 미리보기_현금·현물배당 결정	191
◦ [사례] 최대주주와 일반주주에게 배당금을 다르게 지급한 교보증권	194

Chapter 10

분할

효율적 경영을 위한 분할	200
일하는 회사와 관리만 하는 회사	202
분할방식에서 목적이 보인다, 인적분할	206
쪼갤수록 더 커지는 물적분할	209
◦ DART 미리보기_회사분할 결정	212
◦ [사례] 분할로 코스피 시총 2위에 등극한 LG에너지솔루션	215

Chapter 11

합병

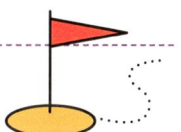

외부에서 성장동력을 찾다	222
여러 가지 목적의 자회사 합병	225
주주들의 반대에 부딪히다, 주식매수청구권	228
◦ DART 미리보기_회사합병 결정	230
◦ [사례] 세중, 관리종목 탈출을 예상할 수 있었던 합병	234

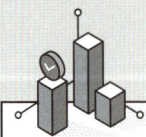

이러한 자사주 매입의 효과는 취득 규모가 클수록 더 강해진다. 다만 **취득금액, 또는 취득 주식수 자체는 전혀 중요하지 않다. 관건은 전체 시가총액 대비 취득 금액이다.**

Chapter 01

자기주식취득

자기 회사 주식을 사들이는 이유

자사주, 또는 자기주식이란 발행회사가 보유한 발행회사의 주식을 말한다. 간단하게 삼성전자가 보유한 삼성전자 주식이라고 생각하면 된다. 기업이 시장에 풀려 있는 본인 회사의 주식을 대량으로 사들이고자 할 때 등장하는 공시가 [자기주식취득 결정], 혹은 [자기주식취득 신탁계약체결 결정]이다. 이 두 가지 공시는 사들이는 방식만 다를 뿐 기본적으로 기업이 일정 기간에 걸쳐 주식을 매입하겠다는 의사를 공식적으로 밝히는 절차로 동일하다. 이 두 공시의 차이점에 대해서는 바로 다음 장에서 자세히 다루겠다.

기업은 여러 가지 이유로 자사주를 사들인다. 그동안 고생한 임직원들을 위한 보상으로 주식을 지급하기 위해서 자사주 매입을 결정할 때도 있고, 혹은 경영권을 지키기 위한 전략적인 차원에서 자사주를 매입할 때도 있다.

하지만 투자자의 입장에서 가장 주목해야 할 목적은 '주가 안정을 통한 주주가치 제고' 목적이다. 이는 현재의 기업가치와 주가에 대해 시장에 직접적인 메시지를 제공하기 때문이다. 또한 자사주 취득 공시 중에서 주가 부양을 목적으로 한 공시가 가장 빈번하게 등장하기도 한다. 일정 규모 이상의 자사주 매입은 시장에 풀려있는 유동주식을 줄이는 효과가 있어 장기적으로 주가의 하방 지지선으로 작용할 수 있다.

기업은 자사주를 매입함으로써 우리에게 회사의 주가가 저평가되었다는 신호를 보낸다. 기업의 가치를 가장 정확하게 알고 있는 곳은 증권사도, 주식 유튜버도, 기자도 아닌 바로 그 기업이다. 앞으로 진행될 프로젝트와 예상되는 실적, 당사를 위협하는 경쟁사들의 동향과 시장 분위기 등 생생한 정보와 아직 시장에 풀리지 않은 중요 정보는 모두 회사 내부에 있다. 기업 내부에서 이 모든 것을 감안했을 때 현재 주가가 충분히 살 만한 가격이라고 보기 때문에 자기회사의 주식을 대규모로 사들이는 결정을 할 수 있는 것이다. 이 때문에 자사주 매입은 '기업 스스로가 현재 주가 수준을 어떻게 판단하는지'에 대한 직접적인 기준으로 활용할 수 있다.

이러한 자사주 매입의 주가 부양 효과는 자사주를 취득한 규모가 클수록 더욱 강해진다. 다만 취득금액, 또는 취득 주식수 자체는 전혀 중요하지 않다. 전체 시가총액 대비 취득금액, 또는 발행주식수 대비 취득 주식수가 관건이다.

시총 1조짜리 회사와 시총 1,000억짜리 회사가 똑같이 100억을 들여 자사주를 매입했다고 해보자. 매입금액은 동일하지만 그 효과는 절대로 똑같을 수 없다. 전자는 시총 대비 1%에 불과한 자사주 매입이지만 후자는 10%로, 10배나 차이가 난다. 그에 따른 자사주 취득의 긍정적인 효과 역시 차이가 날 수밖에 없다.

> "주주가치 제고를 목적으로 한 500억 규모 자사주 취득 결정"

자사주 취득 기사들을 보면 기업이 주주들을 위해, 앞으로의 주가를 끌어올리기 위해 대단한 결정을 한 듯한 긍정적인 뉘앙스의 기사 헤드라인들이 많다. 하지만 이때 취득 규모를 발행주식수나 시가총액과 비교하여 계산해보면 1%도 채 안 되는 소수점 단위인 경우가 부지기수다. 물론 규모가 작더라도 이러한 자사주 취득이 자주 있는 기업이라면 주주 환원에 적극적인 긍정적인 종목으로 분류할 수 있다. 또한 취득 규모가 아무리 작다고 해도 주가에 있어 악재는 아니다. 하지만 규모가 작다는 주가에 큰 호재로 작용하지도 않는다. 단순히 취득금액과 주식수에 현혹되어 "현재 주가가 크게 저평가되었구나, 기업이 주가를 올리려고 칼을 빼들었구나"라고 오해하고 매수를 결정지어서는 안 된다.

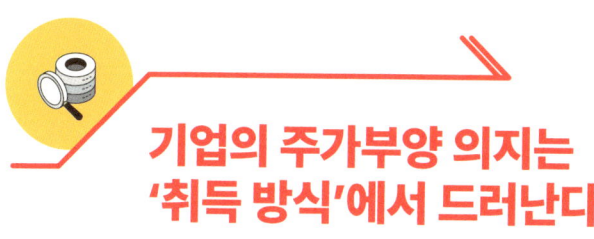

기업의 주가부양 의지는 '취득 방식'에서 드러난다

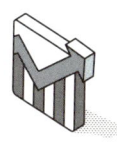

자사주 매입 후 주가의 향방은 기업의 주가부양 의지가 얼마나 큰지에 따라 달려 있다. 주가를 띄우고자 하는 의지가 강하지 않고 단순히 생색 내기를 위한 자사주 취득이라면 주가는 시큰둥할 것이다. 이를 눈치챌 수 있는 방법은 상대적 규모 계산 외에도 하나가 더 있다. 바로 공시 제목에서부터 알 수 있는 자사주 취득 방식이다.

자사주 취득 방식에는 '취득 결정'과 '취득신탁계약 결정'이 있다. 전자는 기업이 직접 시장에서 자사주를 사들이는 방식이고 후자는 다른 금융기관에 매입을 맡기는 방식이다. 비슷해 보이지만 엄연히 다르다. 이 중 전자, 자기주식취득 결정을 택할 때, 기업이 주가를 끌어올리고자 하는 의지가 더 강하다고 할 수 있다.

○ 자기주식취득 결정

1. 취득예정주식(주)	보통주식	40,323
	기타주식	-

먼저 자기주식취득 결정 공시를 보면, [1. 취득예정주식수]에 정확한 수량을 명시하고 있다. 이 수량을 공시 다음 날부터 3개월 이내에 전량 매입해야 한다. 그리고 이렇게 매입한 자사주는 6개월간 처분할 수 없다.

○ 자기주식취득 신탁계약체결 결정

1. 계약금액(원)	50,000,000,000

반면에 자기주식취득신탁계약 공시의 경우 취득 주식의 정확한 수량이 기재되어 있지 않다. [1. 계약금액]을 통해 금액으로만 표기하고 있다. 또한 취득 과정과 이후에서도 규제가 널널하다. 신탁계약체결 후 6개월이 지나면 이를 연장하거나 해지할 수도 있으며 이렇게 매입한 자사주는 1개월간 처분할 수 없다. 취득 결정이 3개월 내 전량 매입해야 하며, 매입 후 6개월간 처분 금지인 것에 비하면 규정이 다소 느슨하다.

자사주 취득신탁계약 이후에 주가가 상승했다고 생각해보자. 취득할 주식수를 구체적으로 밝히지 않았기 때문에 그냥 주식을 적게 매입하면 된다. 아니면 계약을 연장하여 더 나은 상황에서 주식을 사들일 수도 있다.

즉 회사 입장에서는 신탁계약이 시장에 따라 훨씬 유연하게 대처할 수 있는 방식이다. 대신 직접 자사주를 매입하는 것보다 주가부양 효과 역시 약하다. 그래서 자사주 신탁계약이 직접 취득보다 자주 등장하는 편이다.

만약 내가 보유한 종목에서 관련 공시가 나왔다고 해보자. 그런데 시총 대비 취득 규모가 3% 이상이며, 취득 방식마저 신탁계약이 아니라 취득 결정이다. 이렇다면 투자할 만한 회사인지 긍정적으로 관심을 가져볼 만하다. 반대로 규모가 작거나 신탁계약이라면, 호재로 보기에는 무리가 있다.

주식을 태워 없애는 것은 호재

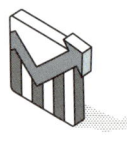

취득한 자사주를 태워 없애 버리는 것을 자사주 소각이라고 한다. 어감상 주식을 없앤다고 하니 부정적인 느낌이 들지만 실상은 정반대다. 회사가 벌어들이는 이익은 그대로인데 전체 주식 숫자가 줄어든다면 주식 1주당 가치는 오히려 높아진다. 그리고 이는 발행주식총수와 총자본 감소로 이어지는데, EPS(주당순이익)와 ROE(자기자본이익률)가 상승하고, PER(주가수익비율)가 하락하는 등 투자지표가 개선된다. 회사의 이익은 이러한 방식으로 주주들에게 환원된다.

취득한 자사주를 소각하지 않고 다른 방식으로 활용할 수도 있다. 자사주에는 회사의 의사결정에 참여할 수 있는 권리, 즉 의결권이 없다. 그런데 이를 다른 이에게 매각하면 더 이상 자사주가 아니므로 의결권이 되살아난다. 즉 경영권이 위태로운 상황에서 우호적인 세력에게 자사주를 팔아 넘겨, 경영권 강화의 재료로 활용될 수도 있다. 또한 자사주를 저평가 구간에 매입한 후 고평가 구간에 매매하여 회사가 차익을 실현하는 경우도 있다. 이렇게 자사주가 다른 목적으로 활용될 경우 주가부양의 관점에서 자사주 취득의 의미는 퇴색된다.

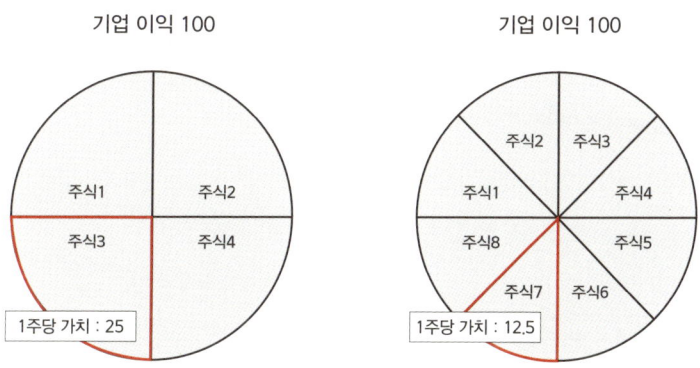

발행주식 수와 1주당 가치

앞으로 다룰 공시들에서 주식수가 변하는 이벤트들이 자주 나올 것이다. 이때 기업이 벌어들이는 이익은 변하지 않았는데, 주식 숫자가 줄어들면 주식 1주당 가치가 늘어난다. 반대로 주식 숫자가 늘어나면 주식의 1주당 가치가 하락한다. 이를 주주들의 지분가치 희석이라고 표현하며 악재로 분류한다.

DART 미리보기

🥫 자기주식취득 결정

[1. 취득예정주식(주)]

: 취득할 자사주의 규모에 대한 내용이다. 구체적인 수량을 명시하고 있으므로 발행주식총수로 나누어 상대적인 규모를 확인할 수 있다.

[2. 취득예정금액(원)]

: 기업이 생각하는 매입단가에 취득예정수량을 곱해서 나온 금액이다. 그런데 주가는 매순간 변화하기에 항상 계획한 가격으로 매수할 수는 없다. 그래서 실제 취득금액은 조금씩 달라질 수 있다.

[3. 취득예상기간]

: 약속한 주식 수량을 모두 사들이는 데 걸리는 예상 기간이다. 사들일 물량도 많고 적정한 가격에 사야 해서 시간이 오래 걸린다. 규정상 보통 3개월의 기간이 기재되어 있다.

[4. 보유예상기간]

: 사들인 주식을 얼마 동안 보유할지에 대한 정보다. 빈칸인 경우 공시 하단 [기타 투자판단에 참고할 사항]에 관련 내용이 있을 것이다. 규정상 보통 6개월 이상 보유할 것이라 기재되어 있다.

[5. 취득목적]

: '주가 안정 및 주주가치 제고'가 투자에 도움이 되는 목적이며 가장 자주 등장한다.

[6. 취득방법]

: 보통 '장내 취득'으로 개인이 주식을 사듯 시장에서 주식을 매입하는 방식이다.

[7. 위탁투자중개업자]

: 증권사가 기재되어 있다. 회사가 이 증권사의 창구를 통해 자사주를 매수한다는 의미이다.

[8. 취득전 자기주식 보유현황]

: 자사주 취득결정을 내리기 전에 회사가 보유한 자사주에 대한 내용이다.

[10. 1일 매수 주문수량 한도]

: 하루에 너무 많은 주식을 사들이면 시장을 교란할 수도 있을뿐더러, 주가 상승으로 취득에 드는 비용도 올라갈 수 있다. 그래서 하루에 매수 주문을 넣을 수 있는 한도를 정해놓고 있다.

🛢 자기주식취득 신탁계약체결 결정

[1. 계약금액]

: 자사주를 매입할 총 금액이다. 시가총액으로 나누면 대략적인 취득 규모를 알 수 있다.

[2. 계약기간]

: 신탁계약은 규정상 6개월에서 1년 안에 매입해야 한다. 연장하거나 계약을 변경할 수 있지만 보통 1년으로 기재되어 있다.

[3. 계약목적]

: '주가안정 및 주주가치 제고'가 투자에 도움이 되며, 가장 자주 발견된다.

[4. 계약체결기관]

: 어느 증권사와 신탁계약을 체결했는지에 대한 정보이다.

[5. 계약체결 예정일자]

: 결정된 내용으로 언제 계약을 체결할지에 대한 내용이다.

[6. 계약전 자기주식 보유현황]

: 계약 전에 회사가 보유한 자사주에 대한 내용이다.

① 공시 제목이 '자기주식취득 결정'인지 '자기주식취득 신탁계약체결 결정'인지부터 확인한다. 취득 결정일 때 기업의 주가부양 의지가 더 강하다. 반면 신탁계약체결 결정은 비교적 기업의 유연한 선택이 가능하여 기업이 더 선호하는 방식이지만, 투자신호로서는 덜 매력적이다.

② 시가총액, 혹은 발행주식총수 대비 자사주 매입규모를 계산해야 한다. 취득 결정인 경우 [1. 취득예정주식]을 해당 기업의 전체 주식수로 나누고, 신탁계약을 체결한 경우에는 [1. 계약금액]을 시가총액으로 나누어 퍼센트값을 구할 수 있다. 이 퍼센트값이 3% 미만이라면 크게 의미 있는 자사주 매입 규모라고 보기 어렵다.

사례 현대자동차, 2005년 이후 최대 규모의 자사주 취득

2021년 11월 18일, 현대자동차는 자사주 매입 계획을 발표했다. 이 자사주 매입은 2005년 이후 가장 큰 규모였다. 그래서인지 이날 현대차 주가에 대한 호재성 기사들이 상당히 많이 나왔다. 실제 공시를 읽어보고, 주식시장은 어떻게 반응했는지 함께 살펴보겠다.

○ 자기주식취득 결정

1. 취득예정주식수(주)	보통주식	2,136,681
	기타주식	632,707
2. 취득예정금액(원)	보통주식	442,292,967,000
	기타주식	62,253,250,700
3. 취득예상기간	시작일	2021년 11월 19일
	종료일	2022년 02월 18일
4. 보유예상기간	시작일	-
	종료일	-
5. 취득목적		자기주식취득을 통한 주주가치 제고
6. 취득방법		장내매수
7. 위탁투자중개업자		현대차증권

8. 취득 전 자기 주식 보유현황	배당가능이익 범위 내 취득(주)	보통주식	12,766,233	비율(%)	6.0
		기타주식	3,589,137	비율(%)	5.7
	기타취득(주)	보통주식	–	비율(%)	–
		기타주식	–	비율(%)	–
9. 취득결정일			2021년 11월 18일		
– 사외이사참석여부		참석(명)		6	
		불참(명)		–	
– 감사(사외이사가 아닌 감사위원)참석여부				–	
10. 1일 매수 주문수량 한도		보통주식		213,668	
		기타주식		36,485	
11. 기타투자판단에 참고할 사항 (이하 생략)					

공시의 제목을 보면 직접 장중에 주식을 사들이는 '취득 결정'이다. 또한 [5. 취득목적]은 주주가치 제고라 밝히고 있다. 따라서 자사주 취득의 방식과 목적에 있어서는 주가에 긍정적이라 할 수 있다.

이제 자사주 매입의 규모를 체크해야 한다. 매입 규모는 당시 현대차 주가를 감안했을 때, 도합 5,000억 원이 넘는다. 하지만 역시 중요한 것은 전체 기업가치 대비 규모이다. 아래 표는 [1. 취득예정주식수]와 현대차의 발행주식총수를 비교하여 전체 몇 퍼센트 규모인지 계산한 값이다.

종류	발행주식총수(a)	취득주식수(b)	b÷a
보통주	213,668,187	2,136,681	0.009
우선주	63,270,871	632,707	0.009

발행주식총수 : 2021.09 분기보고서 기준

이번에 취득하는 수량을 취득수량을 발행주식총수로 나누면 약 0.009가 나온다. 전체 취득금액이 5,000억이라 할지라도, 전체 기업규모 대비 1%도 채 안 되는 규모이다. 따라서 자사주 매입으로 인한 주가부양 효과는 크기 어려울 것으로 보였다.

현대자동차는 자사주 매입을 자주하는 기업에 속한다. 최근 10년간 총 9번의 자사주 매입이 있었으며, 이 중에서 5번이 주주가치 제고 목적이었다. 또한 5번 모두 똑같은 취득 방식이었으며, 취득 주식수도 일관되었기에 비교에 매우 용이했다.

공시 날짜	공시명	취득 주식수*	취득 시작일	취득 종료일
2014.11.11	자기주식취득 결정	2,854,783	2014.11.12	2015.02.11
2018.04.27	자기주식취득 결정	2,854,783	2018.04.30	2018.07.27
2018.11.30	자기주식취득 결정	2,769,388	2018.12.03	2019.02.28
2019.12.04	자기주식취득 결정	2,769,388	2019.12.05	2020.03.04
2021.11.18	자기주식취득 결정	2,769,388	2021.11.19	2022.02.18

*취득주식수는 보통주와 우선주를 모두 합친 값이다.

현대차 자사주 취득 기간 주가 추이

    과거의 유사한 자사주 취득에서도 주가부양 효과는 두드러지게 나타나지 않았음을 확인할 수 있었다. 발행주식총수 대비 1% 정도의 자사주 매입은 주가에 직접적인 영향을 미치기에 부족하며, 이런 경우 결국 실적과 시장 분위기대로 흘러가게 된다.

    참고로 2012년부터 2020년까지 현대차는 완만하게 매출액 성장을 이어갔지만, 영업이익은 되려 하락추세였다. 주가도 이를 대변하듯 완연한 하락추세였다. 그러다 2021년에 문제였던 영업이익에서 크게 반등하는 데 성공했으며, 전기차 시장에 대한 기대치와 증시 상승장이 반영되어 주가가 가파르게 상승할 수 있었다. 즉 1%의 자사주 매입 효과보다는 실적과 시황이 주가를 끌어올렸다고 보는 것이 타당했다.

만약 내가 보유한 주식에서 공개매수신고서 공시가 제출되었다면 나는 갑, 공개매수 신청자는 을의 자리에 놓이게 된다. 그 즉시 공개매수 신청자가 설정한 매수가격으로 주가가 수렴된다.

Chapter 02

공개매수

당신의 주식, 제가 비싸게 살게요

목마른 사람이 우물을 파듯, 마음에 여유가 없는 사람은 '을'이 된다. 만약 내가 보유한 주식에서 공개매수신고서 공시가 제출되었다면 나는 갑, 공개매수 신청자는 을의 자리에 놓이게 된다. 공개매수는 해당 주식을 대량으로 매입할 테니 자신에게 팔아달라고 공개적으로 요청하는 것을 말한다. 그런데 모든 투자자가 각자의 이유로 그 주식을 보유하고 있다. 굳이 이 요청에 응할 이유가 없을뿐더러, 설령 매도한다 할지라도 시장에 팔면 되지 그 사람에게 팔 필요는 없다. 그래서 '을'의 자리에 놓인 공개매수 신청자는 여기에 웃돈까지 얹어준다.

현재 주가보다 매수할 가격을 높게 쳐주게 되면 주가는 순식간에 반응한다. 그 즉시 공개매수 신청자가 설정한 매수가격으로 주가가 수렴하는 것이다. 매수가격보다 현재 주가가 낮다고 해보자. 이러면 주식을 사서 공개매수로 넘기기만 해도 리스크 없이 차익을 실현할 수 있다. 모두가 같은 생각을 하다 보니 주가가 공개매수 가격 근처로 순식간에 올라가는 것이다. 기존부터 해당 주식을 보유해왔던 주주라면 큰 호재다.

◯ [2021.12.17. SNK 공개매수신고서 공시 발표]

공개매수대상 주식등	주식등의 종류	증권예탁증권(KDR)
	매수 예정 수량(비율)	최대 14,048,218 KDR (발행증권총수의 66.70%) 3,727,939 KDR (발행증권총수의 17.70%)
	매수 가격	KDR당 37,197원
공개매수조건		공개매수자는 응모증권수가 매수예정수량 3,727,939 KDR을 하회할 경우 응모된 증권 전량을 매수하지 아니할 예정이며, 매수예정수량을 초과할 경우 응모된 증권 전량을 매수할 예정입니다. (생략)

SNK 공개매수신고서 제출 직후 주가 추이

그런데 공개매수자가 원하는 매입물량과 실제 공개매수에 응한 물량이 다를 경우 절차가 다소 복잡해진다. 대다수 주주들이 만족할 만한 매수가격을 책정했다면 목표치를 채우거나 초과할 것이다. 반대로 매수가격이 너무 낮다면 기존 주주들의 참여가 저조해 물량이 미달될 수 있다. 특히 경영권 확보 목표의 공개매수에서 물량 미달이 나올 경우, 공개매수를 취소할 수 있어 주의가 필요하다. 공개매수가 취소된다면 기존 주가로 회귀하기 때문이다. 이런 특이한 경우를 제외하면, 물량의 차이는 공개매수자가 고민할 부분이지, 투자자가 걱정할 부분은 아니다. 그리고 공시가 발표될 때 이 차이에 대해 어떻게 대처할지도 미리 결정해서 말해준다.

투자자의 관점에서 더 중요한 것은 세금과 절차다. 우선 공개매수는 장외거래다. 따라서 장외거래에 따른 증권거래세와 양도소득세를 내야 한다. 또한 직접 증권사 지점에 방문하는 절차도 필요하며, 만약 공시의 [사무취급자]에 기재된 증권사 계좌가 없다면 새로 계좌를 개설해야 한다. 이만저만 귀찮은 작업이 아니다. 세금이 걱정되고, 이상의 절차가 번거롭게 느껴진다면 장중에 시장에다가 매도하는 편이 낫다. 또한 공개매수가 취소되었을 경우의 리스크를 부담하지 않아도 된다는 장점도 있다. 이러한 이유로 실제 공개매수 이후의 주가 수준은 매수가격보다 약간 밑에 위치하게 된다.

공개매수자는
어쩌다 을이 되었나?

우리는 주식을 조금이라도 싸게 매입하고자, 눈에 불을 켜고 차트와 호가창을 바라본다. 그런데 공개매수자는 왜 웃돈까지 얹어서 장외시장에서 비싸게 주식을 사는 것일까? 그들이 필요로 하는 주식 물량이 너무 많기 때문이다. 장중에서 목표물량을 맞추기 위해 대량으로 매수를 하다 보면 주가가 급격하게 올라버릴 수 있다. 거래가 활발하지 않은 종목이라면 더욱 그렇다. 만약 주가가 원치 않는 급등으로 이어지기라도 하면, 비용이 크게 증가하여 계획이 꼬여버린다. 그래서 처음부터 적당한 프리미엄을 붙여서 계획적으로 사는 것이다.

이렇게 주가가 흔들릴 걱정을 하면서까지 주식을 대량으로 사들인다면 분명한 이유가 있을 것이다. 이는 공개매수신고서 〈요약정보〉 중 [공개매수 목적]에 있다. (1) 경영권 안정, (2) M&A, (3) 지주회사요건 충족, (4) 상장폐지, (5) 기타, 이렇게 다섯 가지 중 어디에 해당되는지 체크되어 있다.

공개매수 목적	□ 경영권안정 □ M&A □ 지주회사요건충족 ■ 상장폐지 □ 기타 - 내용: (1) 공개매수자는 대상회사의 최대주주 및 대상회사로 본 공개매수를 통하여 공개매수자가 보유하고 있지 않은 대상회사의 잔여주식 전부를 취득하고, (2) 관련 법령 및 규정상 요건 및 절차 등을 충족하는 경우, 대상회사의 자발적인 상장폐지를 신청하고자 합니다.

경영권 안정과 M&A는 같은 맥락에 있다. 누군가 우리 회사의 지분을 대량으로 사들여 경영권을 빼앗으려고 하니 이 경영권을 지키기 위해 우리도 주식을 사는 것이다. 이 경우 두 고래 사이에 낀 주주들 입장에서는 나쁘지 않을 수 있다. 경쟁적으로 앞다투며 대량의 주식을 사들이다 보니 단기적으로 주가가 상승하기 때문이다. 하지만 이 전쟁의 승기가 한쪽으로 점차 기움에 따라 주가는 다시 하락하며 제자리를 찾아가는 경향이 있으니 주의해야 한다.

지주회사는 여럿의 자회사들을 거느린 기업으로, 산하의 자회사들에 대한 관리와 투자가 주업무다. 지주회사가 되면 효율적으로 여러 자회사들에 지배력을 행사할 수 있다. 단 자회사의 30%(자회사가 비상장사라면 50%) 이상의 지분을 가져야지만 지주회사로 인정받을 수 있다. 이 지분 요건을 채우기 위해 자회사의 주식을 공개매수로 사들이기도 한다.

그런데 상장폐지 목적은 다소 의아하다. 자발적으로 주식시장에서 퇴출되기 위해 회사가 직접 공개매수를 신청하기도 한다. 발행된 전체 주식 중 95% 이상을 획득하면 자진상폐가 가능하다. 애초에 기업이 상장된 이유는 자금을 조달하기 위함이다. 비상장기업일 때는 소수의 주주들이 지분과 이익을 독점해왔다. 하지만 상장이 되면 경영권을 유지할 정도까지만 지분을 남기고 나머지를 시장에 팔아 자금을 조달할 수 있다. 대신에 상장기업으로서 의무와 규제도 많아지며 벌어들인 이익을 주주들과 나눠야 한다. 만약 자금 사정이 넉넉하여 회사에 외부에서 자금을 끌어올 필요가 없고, 상장사로서 지켜야 할 규정도 싫다면 이렇게 자진해서 상장폐지를 하기도 한다. 이에 대해서는 [사례]에서 더 살펴보겠다.

공개매수신고서 〈요약〉

[공개매수자]
: 공개매수자에 대한 정보로 기업과는 어떤 관계가 있는지 체크되어 있다.

[공개매수 대상회사명]
: 공개매수하려는 기업에 대한 내용이다.

[공개매수 목적]
: 앞에서 다룬 5가지 공개매수의 목적 중 어디에 해당되는지 체크되어 있다.

[공개매수대상 주식등]
: 어떤 주식을 얼마나 매수할 것인지 알려주고 있다. 그리고 주가는 여기에 기재된 '매수가격'으로 빠르게 수렴될 것이다.

[공개매수조건]
: 매수예정 수량과 공개매수에 응한 물량이 다를 경우 어떤 방식으로 매수할지 미리 정해놓았다.

[공개매수기간]
: 해당 기간동안 공개매수에 응할 수 있다. 시장에 팔지 않고 공개매수에 응한 경우, 결제일에 쓰여진 날짜에 주식 대금이 입금된다.

[보유주식등]
: 현재 보유한 주식수 및 지분율과 공개매수 이후 예상되는 주식수 및 지분율이다.

[사무취급자]
: 공개매수 절차를 밟을 증권사이다. 만약 공개매수에 응할 계획이나 해당 증권사 계좌가 없다면 새로 개설해야 한다.

공개매수신고서는 맨 앞장 〈요약정보〉에서 대부분의 정보를 얻을 수 있다. 이후에 추가적으로 궁금한 사항이 생겼을 때, 뒷 페이지를 들춰보는 것으로도 충분하다.

① [공개매수대상 주식등]에서 '매수가격'을 확인한다. 주가는 곧바로 이 '매수가격'으로 수렴할 것이다.

② [공개매수자]와 [공개매수 목적]을 통해 누가 주식을 사들이는지, 그리고 왜 사들이는지 확인한다. 다만 공개매수자가 누구인지보다, 바로 아래의 '대상 회사와의 관계'가 더 중요하다. 만약 회사나 최대주주가 아닌 제3자가 M&A를 목적으로 공개매수에 나설 경우, 기존 경영진이 경영권을 방어하기 위해 지분 확보 경쟁에 뛰어들 수 있다.

③ 투자 중이라면 공개매수에 응하여 장외거래로 매도하는 것과 시장에 매도하는 것 중 어느 쪽이 더 이득인지 고려해야 한다. 일반적인 개인투자자라면 양도소득세와 장외거래세, 그리고 각종 수고로움으로 인해 장내에서 매도하는 편이 낫다.

사례 | 자발적으로 상장폐지를 선택한 맘스터치

2022년 1월 20일, 우리에게 싸이버거로 친숙한 맘스터치가 공개매수신고서를 제출했다. 맘스터치는 가장 성공적인 국내 토종 프랜차이즈 업체 중 하나로 꼽힌다. 과연 어떠한 목적으로 공개매수를 신청했고, 이후 주가는 어떻게 되었는지 살펴보겠다.

공개매수자	· 성명 : 한국에프앤비홀딩스 유한회사 ■ 회사 □ 개인 □ 회사가 아닌 법인, 단체 □ 외국인	
	· 대상회사와의 관계 □ 대상회사 본인 ■ 대상회사의 최대주주 또는 임원 □ 대상회사의 계열사 □ 기타(제3자 등)	
	· 성명 : 주식회사 맘스터치앤컴퍼니 ■ 회사 □ 개인 □ 회사가 아닌 법인, 단체 □ 외국인	
	· 대상회사와의 관계 ■ 대상회사 본인 □ 대상회사의 최대주주 또는 임원 □ 대상회사의 계열사 □ 기타(제3자 등)	
공개매수 대상회사명	주식회사 맘스터치앤컴퍼니	
공개매수 목적	□ 경영권안정 □ M&A □ 지주회사요건충족 ■ 상장폐지 □ 기타 – 내용: (1) 공개매수자는 대상회사의 최대주주 및 대상회사로 본 공개매수를 통하여 공개매수자가 보유하고 있지 않은 대상회사의 잔여주식 전부를 취득하고, (2) 관련 법령 및 규정상 요건 및 절차 등을 충족하는 경우, 대상회사의 자발적인 상장폐지를 신청하고자 합니다.	
공개매수대상 주식등	주식등의 종류	주식회사 맘스터치앤컴퍼니 발행 기명식 보통주식
	매수 예정 수량(비율)	16,087,172주 (발행주식총수의 15.80%)
	매수 가격	주당 6,200원

공개매수조건		공개매수자는 신고서 제출일 현재 공개매수자인 최대주주 및 대상회사가 보유하고 있지 않은 대상회사 발행 주식 전부(16,087,172주, 발행주식총수의 15.80%)에 대해 공개매수 응모율에 관계없이 공개매수에 응모한 주식의 전부를 매수할 예정이며 공개매수대금은 현금으로 지급할 예정입니다.	
공개매수기간		2022. 01. 20. - 2022. 02. 15.(결제일: 2022.02.18)	
보유주식등	신고서 제출일 현재	보유 수량	85,730,359주
		보유 비율	84.20%
	공개매수후 (예정)	보유 수량	101,817,531주
		보유 비율	100.00%
사무취급자		NH투자증권 주식회사	

[공개매수대상 주식등]의 '매수가격'은 주당 6,200원이다. 따라서 주가는 빠르게 6,200원 살짝 밑으로 수렴할 것임을 알 수 있었다. 맘스터치의 경우 장 시작 전에 공시를 발표했고, 시초가부터 +17.88% 상승한 6,130원에 거래되기 시작했다.

맘스터치 공개매수신고서 제출 직후 주가 추이

그다음 [공개매수자]와 [공개매수 목적]을 확인한다. 우선 한국에프앤비 홀딩스와 맘스터치가 주식을 사들이기로 했다. 우선 맘스터치는 대상회사 본인이다. 그리고 한국에프앤비 홀딩스는 최대주주 또는 임원에 체크되어 있는데, 바로 뒷 페이지 [1. 공개매수자에 관한 사항]을 보면 최대주주였다. 즉 회사와 최대주주가 자기회사를 상장폐지시키고자 공개매수를 신고서를 제출한 것이다.

앞에서 상장을 통한 자금조달이 필요 없는 여유 있는 기업들이 종종 자진해서 상장폐지를 한다고 했다. 주식시장에 남아서 얻을 수 있는 이득보다 상장폐지되었을 때의 이득이 더 큰 것이다. 맘스터치의 상황도 이와 유사하게 보였다. 상장폐지 직전 해인 2021년 3010억 원 규모의 매출액과 233억 원의 순이익으로 사상 최대 실적을 거두는 등 맘스터치는 가장 돋보이는 토종 프랜차이즈 업체로 자리매김했다.

승승장구하던 맘스터치가 상장폐지를 결정하게 된 것은 상장사로서 부여되는 각종 공시의무를 피하기 위함으로 보인다. 당시 맘스터치는 가맹점에 대한 공급가격 인상 문제로 가맹점주들과 큰 갈등을 빚었다. 가맹점주들은 공시된 회사 실적에 근거해 회사의 이러한 가격 인상 조치에 반발했고 소송으로 번지기도 했다. 결국 맘스터치는 2022년 5월 31일 코스닥 시장에서 상장폐지가 되었고 이후에도 2023년까지 사상 최대 실적을 새로 쓰며 현재에도 견조한 성장을 이어가고 있다.

미국에서도 주식분할은 소위 잘나가는 종목들의 필수코스로 통한다. 부담스럽게 올라버린 주가를 낮추고 유통주식수를 늘려, 시장의 더 정확한 평가를 받기 위함이다.

Chapter 03

주식분할 · 병합

가격, 수량 빼고 다 똑같다

하루아침에 한 종목의 주가가 10배 뛰거나 10분의 1 토막이 나는 경우가 종종 있다. 국내 주식시장에는 ±30%라는 하루 가격제한폭이 있기 때문에 정상적인 상황에서는 이러한 주가 움직임이 나오는 것이 불가능하다. 이렇게 주가가 크게 바뀌었다면 주식의 액면가가 변경되는 일이 생긴 것이다. 주가만 보면 해당 종목에 굉장히 큰 변화가 발생한 것처럼 느껴지지만 실제로는 단순히 주식 수가 늘어나거나 줄어듦에 따라 자연스럽게 가격이 조정된 것일 뿐이다.

주식이 쪼개져서 작게 나뉘는 것을 주식분할, 혹은 액면분할이라고 말한다.

이와 반대로 몇 개의 주식을 모아 하나로 합치는 것을 주식병합, 또는 액면병합이라고 한다.

액면가란 회사가 처음 설립되었을 당시의 주가라고 생각하면 쉽다. 자본금을 모아 회사를 만들면 그렇게 모인 자본금을 액면가로 나누어 주식을 발행한다. 예를 들어 10만 원의 자본금이 모였다면 액면가 5천 원짜리 주식 20주, 또는 액면가 100원짜리 주식 1,000주를 찍어낼 수 있다. 그래서 다른 조건들이 동일하다면 액면가가 높을수록 주식 수는 적고 비싼 가격에 거래된다. 반대로 액면가가 낮으면 발행되는 주식 수는 더욱 많아지고 가격도 비교적 저렴하게 거래된다.

그런데 나중에 회사가 점차 성장해나가면서 주가가 크게 상승했다고 해보자. 주가가 너무 높다면 시드 머니가 제한된 개인 투자자들이 매매하기가 어렵다. 이에 시장에서 주식 거래도 잘 발생하지 않고 유통물량도 적어진다. 특히 시장에 유통되는 물량이 적다면 주가와 실질적인 기업가치 사이의 괴리가 커질 수 있다. 이를 해결하기 위해 선택하는 것이 주식분할이다.

만약 현재 주식의 액면가가 1,000원이라면 이를 500원으로 쪼개는 것이다. 이렇게 되면 주식수가 2배로 늘어나는 대신에 주가는 반토막이 난다. 주가가 낮아지고 주식수는 늘어나기 때문에 시장에서 유통되는 주식 물량도 증가한다. 이와 반대로 주식병합을 통해 주식들을 합칠 수도 있다. 액면가 500원짜리 주식을 1,000원짜리로 합치면 전체 발행주식수가 절반으로 줄어드는 대신 주가는 두 배 상승한다.

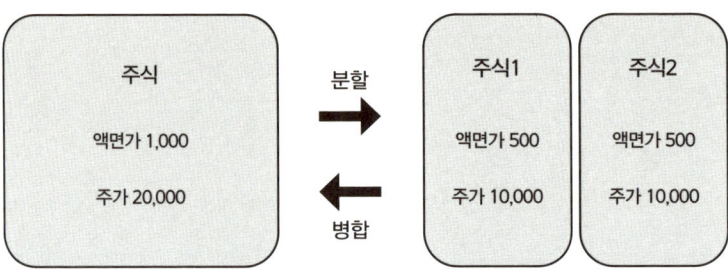

주식분할과 주식병합

주가는 크게 바뀌었지만 기업이 실제로 운용하고 있는 자산 규모, 사업 모델, 매출과 이익 구조는 그대로다. 투자자가 보유한 주식의 총가치도 변함이 없으며, 분할과 병합은 단순히 주식의 발행 구조를 바꾸고 그에 맞춰 주가를 조정하는 과정이라고 보면 된다.

즉 본인이 투자하던 종목에서 액면가가 변경되는 일이 생기더라도 크게 걱정할 것 없다. 주가가 크게 달라져 보이더라도 보유한 주식수도 그에 맞춰 함께 조정되기 때문에 내 계좌 잔고는 액면분할과 병합 전후로 동일하다.

하지만 시장의 평가와 심리에 영향을 미친다

세계에서 가장 비싼 주식은 한 주에 얼마 정도 할까? 2025년 10월 31일 기준으로 버크셔 해서웨이 Class A를 찾아보니 현재 주당 $712,170에 거래되고 있다. 딱 한 주만 사려고 해도 대략 10억이 넘는 돈이 필요하다. CEO인 워렌 버핏의 고집으로 상장 이후 한 번도 주식분할을 하지 않은 탓에 이렇게 높은 가격을 형성하고 있다(버크셔 해서웨이 Class B는 액면분할을 거치면서 현재 $490 정도에 거래되고 있다).

버핏은 분할을 통해 주가를 의도적으로 낮추면 단기 매매를 위한 투자자들의 유입이 늘어나고, 회사의 장기 가치와 맞지 않는 매매가 반복될 수 있다고 판단해 분할을 하지 않는 방침을 고수해왔다. 이러한 원칙을 유지하는 대신 소액 투자자 접근성을 확보하기 위해 Class A와는 별도로 Class B를 만든 것이다. Class B는 가격과 의결권이 Class A 대비 일정 비율로 설계돼 있어 버핏의 철학을 훼손하지 않으면서도 투자 문턱을 낮추는 역할을 한다. 물론 주가가 높다고 좋은 회사인 것은 아니지만 살면서 한 번쯤은 Class A의 주주가 되어보고 싶기는 하다.

이처럼 주식분할은 투자자들의 심리를 움직인다. 좋은 회사인 것은 분명하나 주가가 장기간 견고하게 급등하여 매수하기 부담스러운 종목들이 있다. 그리고 고가주의 경우 주식을 조금 더 사고 싶지만 제한된 예산으로 인해 매수할 수 없는 경우가 생긴다. 이러한 부담은 단순한 심리의 문제가 아니라 실제 매매 전략에도 영향을 준다. 단가가 높으면 비중을 세밀하게 조절하기 어렵기 때문이다.

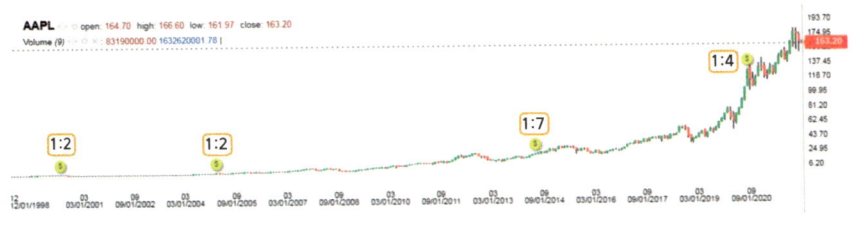

애플 주가와 주식분할 비율

이렇게 억제된 매수세로 인해 시장에서 평가절하되는 것을 주식분할을 통해 해소할 수 있다. 또한 아무런 악재 없이 주가가 낮아지니 앞으로 한참은 추가적인 주가 상승이 가능할 것만 같다. 일종의 착시현상이다. 가격이 낮아졌다는 이유만으로 투자 접근성이 좋아 보이기 때문에 매수세 유입이 강해질 수 있다.

미국에서도 주식분할은 소위 잘나가는 종목들의 필수코스로 통한다. 부담스럽게 올라버린 주가를 낮추고, 유통 주식수를 늘려 시장에서 더욱 정확한 평가를 받기 위함이다. 그중에서도 애플은 꾸준히 액면분할을 해온 기업으로 꼽힌다. 2000년 당시 애플 1주는 4차례의 분할 과정을 거쳐 112주로 쪼개졌고 이 과정에서 주가는 꾸준히 우상향했다. 이렇듯 주식 분할은 기업의 건강한 성장 과정에서 자주 동반된다.

이와는 반대로 주가가 너무 저렴하다면 일명 동전주라고 불리며 좋지 못한 회사로 보일 수 있다. 그래서 주가나 자본금을 인위적으로 높이기 위해 주식병합을 선택하는 경우도 있다. 다만 주식병합을 고려할 정도로 낮다면 이를 단순히 액면가와 유통주식수의 문제로 치부하긴 어렵다. 우량한 회사들이 주식분할을 하는 것과는 대조적이다. 병합이 등장했다는 것만으로도 기업이 일정 기간 동안 부진했다는 신호로 해석되기도 한다.

DART 미리보기

주식분할

[1. 주식분할 내용]

: 주식을 얼마나 잘게 쪼갤지, 분할 전후 주식수의 변화에 대한 내용이다.

[2. 주식분할 일정]

: 거래가 정지되는 기간이 있다. '신주권상장예정일'부터 쪼개진 주식이 상장되어 거래 가능해진다.

[3. 주식분할 목적]

: 상당수가 유통주식수 확대를 목적으로 분할하고 있다.

주식병합

[1. 주식병합 내용]

: 주식을 얼마의 비율로 합칠지, 병합 전후 주식수의 변화에 대한 내용이다.

[2. 주식병합 일정]

: 거래가 정지되는 기간이 있다. '신주권상장예정일'부터 합쳐진 주식이 상장되어 거래 가능해진다.

[3. 주식병합 목적]

: 상당수가 적정 유통주식수 유지 및 주가 안정화를 목적으로 분할하고 있다.

① 공시 자체보다, 그 회사가 얼마나 저평가되는가에 주목해야 한다. 특히 분할의 경우 회사가 우량하고 주가가 높을수록 저평가 해소 효과가 크다.

② 주식을 몇 개로 쪼개고 붙이는지는 [1. 주식분할(병합) 내용]에 나와 있다. '1주당 가액'의 현재 액면가가 얼마로 변하는지를 확인한다. 이 차이가 클수록 자연스럽게 주가의 변화도 커진다.

③ 액면변경의 경우 거래정지 기간이 있다. [2. 주식분할(병합) 일정]의 '매매거래정지 예정기간'과 달라진 가격으로 거래되기 시작하는 '신주권상장예정일'을 통해 일정을 체크한다.

사례 50분의 1로 분할된 삼성전자

2018년 1월 31일, 삼성전자는 주식 분할을 결정했다. 다만 분할 일정이 일부 변경되어 3월 16일 정정 공시했다. 크게 바뀐 부분은 없지만 정정공시를 기준으로 주요 부분을 짚어보겠다.

○ 주식분할 결정

	구분		분할 전	분할 후
1. 주식분할 내용	1주당 가액(원)		5,000	100
	발행주식총수	보통주식(주)	128,386,494	6,419,324,700
		종류주식(주)	18,072,580	903,629,000
2. 주식분할 일정	주주총회예정일		2018-03-23	
	구주권제출기간	시작일	2018-03-26	
		종료일	2018-05-02	
	매매거래정지기간		2018-04-30, 05-02, 05-03 (3영업일, 05-01:증시 휴장일)	
	명의개서정지기간	시작일	2018-05-03	
		종료일	2018-05-10	
	신주권상장예정일		2018-05-04	
3. 주식분할목적			유통주식수 확대	
4. 이사회결의일(결정일)			2018-01-31	

- 사외이사 참석여부	참석(명)	5
	불참(명)	0
- 감사(사외이사가 아닌 감사위원) 참석여부		-
5. 기타 투자판단과 관련한 중요사항 (이하 생략)		

현재의 주식 1주가 몇 개로 쪼개지는지는 [1. 주식분할 내용]의 '1주당 가액'에 나와 있다. 분할 전 삼성전자의 1주당 액면가는 5,000원이다. 그러나 이번 분할을 통해 액면가는 100원까지 낮아진다. 이는 현재의 삼성전자 주식을 100/5,000, 즉 50조각으로 쪼갠다는 의미이다. 바로 아래에 있는 분할 전 '발행주식총수'에 50을 곱하면 분할 후의 주식수와 일치한다. 이에 따라 200만 원이 넘는 현재 주가도 50분의 1 수준으로 낮아지므로, 4~5만 원대에 형성됨을 미리 알 수 있었다.

마지막으로 확인할 것은 거래일정이다. [2. 주식분할 일정]의 '신주권상장예정일'은 2018년 5월 4일이다. 이날부터 삼성전자는 달라진 주가로 거래된다. 대신 그 전에 '매매거래정지기간'인 4월 30일부터 5월 3일까지 거래가 정지된다.

이번 공시가 나오기 전인 2018년 초까지만 하더라도 삼성전자는 한 주당 200만 원을 훌쩍 넘는 고가주였다. 당시에 주식투자를 전혀 하지 않는 사람들에게서도 "월급날마다 삼전 한 주씩만 사볼까?"라는 말이 나올 정도로 국내 최고의 인지도와 실적을 자랑하는 주식이다. 이렇게 회사의 가치가 충분하면서 주식이 고가에 거래되는 회사라면 장기적인 관점에서 주식분할의 효과를 톡톡히 누릴 수 있다. 분할 상장된 2018년 5월 4일 시초가 53,000원이었던 삼성전자 주가는 2025년 10월 31일 현재 100,000원을 돌파했다.

장부상 돈의 위치만 잉여금에서 자본금으로 옮겼을 뿐, 실질적으로 기업가치에 변화는 없다. 그런데 왜 무상증자는 주가에 호재로 작용하는 것일까? 기업은 무상증자를 통해 시장에 메시지를 보낸다.

Chapter 04

무상증자와 무상감자

돈의 위치만 바뀌었다

증자란 자본금을 증가, 감자는 반대로 자본금을 감소시키는 것을 말한다. 이때 주주들에게 돈을 받지 않고 회사 돈으로 자본금을 늘리면 무상증자, 주주들에게 돈을 받아 자본금을 늘리면 유상증자다. 반대로 감소시킨 자본금을 주주들에게 돌려주지 않으면 무상감자, 주주들에게 환원하면 유상감자라고 할 수 있다. 이 네 가지 공시의 경우 명칭은 서로 비슷하지만 목적과 재무제표 계정의 변화가 전혀 다르기 때문에 개념을 정확하게 구분해야 한다.

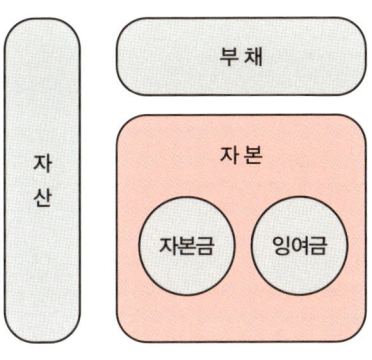

재무상태표 계정

그런데 '자본금'이란 무엇일까? 초보 투자자라면 '자본'과 '자본금'을 혼동하기가 쉽다. 자본은 기업이 보유한 자산에서 부채를 제외한 나머지를 말한다. 그리고 자본금은 자본에 포함되는 여러 계정들 중 하나이다. 기업이 처음 사업을 시작했을 때의 종잣돈, 사업밑천과 같은 개념으로 액면가에 전체 주식수를 곱한 값이 바로 자본금이다. 즉 자본금은 특수한 경우가 아닌 한 시간이 지나도 변하지 않고 고정되어 있다.

시간에 따라, 그리고 실적에 따라 회사의 덩치를 변화시키는 것은 자본금이 아니라 '잉여금'이다. 기업은 돈을 벌기 위해 쉼 없이 움직인다. 영업을 통해서 이익(이익잉여금)을 내는 것이 일반적이지만 영업 이외에 다른 방식으로 이익(자본잉여금)을 만들기도 한다. 다른 회사의 주식에 투자했는데 주가가 오르거나 공장 부지의 부동산 가격이 오르는 경우가 여기에 해당된다. 이렇게 벌어들인 돈은 잉여금 계정에 켜켜이 쌓인다. 튼튼하고 좋은 회사라면 이 잉여금 계정이 묵직하다. 하지만 만성 적자에 시달리는 회사라면 잉여금 계정에 돈은 커녕 마이너스가 찍혀 있을 수 있다. 그래서 잉여금의 규모는 기업의 체력과 지속 가능성을 보여준다.

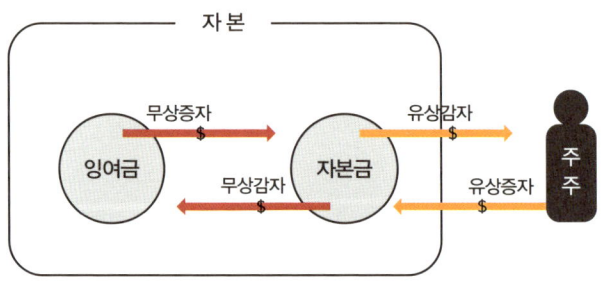

돈의 이동과 증자/감자

무상증자는 이 잉여금 계정에 쌓인 돈을 바탕으로 주식을 찍어내는 것이다. 그리고 이렇게 발행된 신주를 주주들에게 돈을 받지 않고 무상으로 나눠준다. 이때 신주 발행으로 인해 전체 주식수가 늘어나므로 자본금이 증가한다. 대신 자본금이 증가한 만큼 재원으로 사용된 잉여금은 줄어든다. 그래서 원칙적으로 볼 때 기업 가치에 있어서 실질적으로 바뀌는 것은 없다.

반대로 무상감자는 자본금에 있던 종잣돈을 빼서 잉여금을 늘린 것이다. 자연스럽게 자본금은 줄어들고 그만큼 잉여금이 늘어난다. 즉 무상증자와 무상감자를 통해서 변하는 것은 재무상태표 계정상에서 돈의 위치일 뿐, 기업 자체에는 사실상 변화가 없는 셈이다.

하지만 실질적으로 무상증자와 무상감자는 투자자에게 전혀 다른 의미로 작용한다. 간단히 말하자면 무상증자는 호재, 무상감자는 큰 악재로 작용하며 다음 장에서 보다 자세히 다루도록 하겠다.

여기서 이해를 돕기 위해 잠깐 다루자면 유상증자와 유상감자는 실질적으로 장부상 변화가 수반된다. 유상증자는 주주들에게 투자를 받아 주식을 찍어낸다. 발행주식수가 늘어나기에 자본금이 증가하며 실제 자산과 자본도 증가한다. 기업이 신사업 진출 등 성장을 위해 외부로부터 투자가 필요하거나 단기적으로 재무 구조를 강화하기 위해 선택하는 전형적인 방식이다.

유상감자는 유상증자와는 반대 방향으로 발행주식수를 줄여 자본금 계정의 돈을 주주들에게 환원한다. 이 과정에서 실제 자본과 자산이 감소한다. 그런데 주주들에게 지급하는 배당 역시 자본이 주주들에게 유출되는 의사결정이다. 하지만 배당이 회사가 그동안 벌어들인 이익을 주주들에게 돌려주는 긍정적인 신호로 읽히는 반면, 유상감자는 사업 밑천인 자본금을 줄여 사업을 축소시키는 의미로 읽히며 실제 공시를 보기 드문 편이다.

아무나 할 수 없는 무상증자

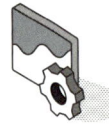

기업이 무상증자를 결정하면 신주를 찍어내 주주들에게 일정한 비율, 보유한 주식 1주당 n주씩 나눠준다. 이때 주가는 그대로이고 주식만 받을 수 있다면 너무나 좋겠지만 그럴 수는 없다. 장부상 돈의 위치만 바뀌었을 뿐, 해당 기업과 종목에 실질적으로 변한 것은 없으므로 늘어난 주식의 수만큼 주가도 자동적으로 하향 조정되어야 한다. 따라서 증자 전후로 주주들의 지분가치에도 변화가 없다.

그렇다면 기업은 왜 이러한 의사결정을 하는 것일까? 그리고 기업 가치에 실질적인 변화가 없음에도 무상증자 소식에 시장이 긍정적으로 반응하는 이유는 무엇일까? 기업은 무상증자를 통해 시장에 이러한 메시지를 보낸다.

"저희 회사는 그동안의 꾸준한 실적으로 잉여금이 충분합니다."
"주주들과 이익을 나누기 위해 항상 노력하고 있습니다."

무상증자를 통해 기업은 튼튼한 재무구조와 주주 친화적 경영 의지를 어필할 수 있다. 잉여금은 회사의 '통장'과도 같다. 꾸준한 실적으로 이 통장에 여유가 있는 회사들만이 가능한 결정이다. 적자가 잦은 기업이나 이제 막 이익을 내기 시작한 얇은 통장을 가진 신생 기업들에게 무상증자는 엄두도 낼 수 없으며 결국 무상증자가 가능한 기업이라는 것은 기업의 실적 흐름과 현금 창출력이 일정 수준 이상으로 안정되었다는 의미이기도 하다.

또한 미래에 어떠한 일이 생길지는 아무도 알 수 없다. 갑자기 매출이 급감할 수도 있고, 산업구조가 급변하여 새로운 투자가 필요할 수도 있다. 이때 잉여금은 혹시 모를 위험에 대처할 수 있는 힘이 된다. 그런데 이 소중한 잉여금으로 주식을 찍어내고 주주들에게 나눠준다는 것은 기저에 튼튼한 재무구조와 향후 실적에 대한 자신감이 깔려 있다고 보아야 한다.

이와 동시에 무상증자를 통해 기업 자체에 달라지는 것은 없지만, 시장에는 변화가 생긴다. 주식분할과 유사한 효과다. 신주를 발행하면 전체 주식수가 늘어나고, 유통주식수도 함께 늘어난다. 유통주식수는 시장에서 거래되며 돌고 있는 주식으로, 전체 주식수에서 매매에 제약이 있는 주식(최대주주와 특별관계인이 보유한 주식과 자사주)을 제외한 값이다.

시장에 유통되는 주식물량이 적다면 해당 기업에 대한 시장의 정확한 평가를 받기 어렵고 상대적으로 적은 매수와 매도세에도 주가가 크게 오르내릴 수 있기에 주가 안정성이 떨어진다. 따라서 이렇게 유통주식수가 적은 기업이 무상증자를 단행한다면 기업의 펀더멘탈에 대한 신호 효과뿐만 아니라 적은 유통물량이라는 저평가 요인도 해소되어 더욱 긍정적인 효과를 볼 수 있다.

그리고 이러한 긍정적인 효과 역시 앞서 다룬 'Chapter 01 자기주식취득'과 유사하게 무상증자 규모에 따라 달려 있다. 즉 기존 주주가 보유한 주식 1주당 새롭게 발행되는 신주의 수가 가장 핵심적인 부분이다. 공시에는 [1주당 신주배정 주식수]라는 항목에서 찾을 수 있으며 이 수치가 클수록 주가 부양 효과도 확대된다. 기존 주식 1주당 새롭게 발행되는 신주가 1주, 즉 100% 규모의 무상증자라면 주가에 매우 긍정적인 신호로 읽힐 수 있지만 기존 주식 1주당 소수점 단위의 신주가 발행된다면 단기적인 주가부양 효과는 생각보다 약할 수 있다. 이 경우에는 단기적인 시세차익보다는 기업의 튼튼한 재무구조와 주주친화적 비전이라는 장기적인 성장 방향을 보고 투자하는 것이 안전하다.

무상감자, 주주들의 눈물로 기업을 살리다

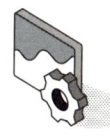

무상감자는 내 포트폴리오에서 절대 마주치고 싶지 않은 공시 중 하나다. 보통 이 공시가 떴다 하면 그 종목은 공포매도 분위기에 휩싸인다. 그런데 잘 생각해보면 무상감자 역시 마찬가지로 자본금 계정에 있던 돈을 잉여금 항목으로 이동시킬 뿐 실질적인 변화는 없다. 그럼에도 불구하고 왜 투자자들은 무상감자에 대해 이토록 질색하는 것일까?

코스닥 시장 퇴출 요건(자본잠식)

관리종목 지정	상장폐지
ⓐ 사업연도(반기)말 자본잠식률 50% 이상 ⓑ 사업연도(반기)말 자기자본 10억 원 미만 ⓒ 반기보고서 기한 경과 후 10일 내 미제출 or 검토(감사)의견부적정, 의견거절, 범위제한 한정	• 최근 사업연도말 완전자본잠식 • ⓐ or ⓒ 후 사업연도(반기)말 자본잠식률 50% 이상 • ⓑ or ⓒ 후 사업연도(반기)말 자기자본 10억 원 미만 • ⓐ or ⓑ or ⓒ 후 반기보고서 기한 경과 후 10일 내 미제출 or 감사의견 부적정, 의견거절, 범위제한한정

위 표는 코스닥시장의 퇴출 요건들 중 자본잠식에 관련한 부분이다. 코스닥 시장에 상장된 기업이 위에 해당될 경우 관리종목에 편입되거나 상장폐지 수순을 밟을 수 있다. 관리종목은 향후 상장폐지될 위험이 큰 종목으로, 여기에 편입되는 순간 주가가 큰 폭으로 빠진다.

자본잠식이란 기업의 손실이 누적되어 자본금을 갉아먹는 상태를 말한다. 잉여금이 마이너스가 되어 자본총계가 자본금보다 작아지면 자본잠식이 시작된다. 자본잠식률은 '(자본금 - 총자본) ÷ 자본금'의 값으로, 이 비율이 50%에 이르면 관리종목에 편입된다. 다음 예시를 보자.

감자 전	
자본금	100
잉여금	−40
자본총계	60

▶ 2:1 감자

감자 후	
자본금	100 − 50
잉여금	−40 + 50
자본총계	60

자본잠식률: 40%

자본잠식 해소

*자본잠식률 = (자본금 − 자본총계) / 자본금 × 100

이 회사의 감자 전 상황을 보면, 잉여금이 마이너스를 기록하며 자본금을 갉아먹고 있다. 자본잠식률을 계산해보면 40%에 달한다. 이 추세라면 머지않아 관리종목행을 피할 수 없을 것이다. 하지만 비상사태에 처한 이 기업이 무상감자 카드를 꺼내든다면 상황은 반전된다.

2:1 감자가 이루어지면 현재 주식 2주는 1주로 병합된다. 전체 주식수와 자본금도 절반으로 줄어든다. 이때 줄어든 자본금이 잉여금 계정으로 옮겨지는 것이다. 이렇게 된다면 자본잠식 상태를 초래한 잉여금이 플러스가 된다. 관리종목 편입을 목전에 둔 기업이 작지만 튼튼한 기업으로 둔갑한 것이다.

이렇게 감자는 위태로운 재무구조를 개선시키기 위해 시행된다. 하지만 종잣돈을 까서 상장폐지를 피해야 할 정도로 회사 상황이 심각함을 나타내는 공시이기도 하다. 그래서 주가에는 상당한 악재로 작용한다. 주주들의 눈물로 기업이 상장폐지되는 것을 막는 셈이다.

혹시 투자하려는 기업이 코스닥 종목이며 당기순손실을 기록했다면 재무상태표를 펼쳐야 한다. 잉여금 계정의 손실이 커지고 있으며 자본잠식률 50%를 향해 가고 있다면 그 기업은 무상감자를 결정할 가능성이 높다. 가급적이면 피해야 한다.

DART 미리보기

📦 무상증자

[1. 신주의 종류와 수]

: 증자를 통해 늘어나는 신주의 숫자이다.

[2. 1주당 액면가액]

: 새로 발행되는 주식의 액면가이다.

[3. 증자 전 발행주식총수]

: 이번 증자 결정 전에 이미 발행되어 있던 전체 주식의 숫자이다.

[4. 신주배정기준일]

: 이날까지 주식을 가지고 있어야 무상증자에 참여할 수 있는데, 3일(D+2)결제 제도를 고려해야 한다. 늦어도 이날로부터 2영업일 전에는 주식을 매수해야 증자에 참여할 수 있으며, 1영업일 전 날에는 권리락이 발생한다. 권리락이

발생하면 늘어난 주식 수만큼 주가가 하향조정된다.

[5. 1주당 신주배정 주식수]
: 기업 규모에 비교한 증자의 크기로, 주주들이 1주당 받을 수 있는 신주의 수이다. 1이면 기존의 주식수만큼, 0.05라면 기존 주식수의 5%만큼 주식이 늘어난다는 뜻이다.

[6. 신주의 배당기산일]
: 새로 발행된 주식에 배당금이 계산되기 시작하는 첫 날로, 신주가 발행되는 해의 1월 1일이다.

[8. 신주의 상장 예정일]
: 입고된 신주가 시장에 상장되어 거래가 가능해지는 날이다. 신주를 받지 못했는데 배당락으로 인해 주가가 하향조정되었던 잔고가 이날부터 정상화된다.

[10. 기타 투자판단에 참고할 사항]
: 증자에 사용되는 돈은 어떤 것인지, 소수점 단위의 주식(단수주)는 어떻게 처리할 것인지, 변동 가능한 사항은 무엇인지 등의 자잘한 내용들을 담고 있다.

① 무상증자의 규모가 클수록 주가부양 효과가 크다. 이때 단순규모가 아니라 발행주식총수 대비 상대적인 규모를 체크해야 한다. 이는 [5. 1주당 신주배정 주식수]만 확인해도 충분하다. 무상증자를 배당처럼 꾸준히 하는 기업의 경

우 신주배정 주식수가 0.01~0.05 수준으로 작은 편이다. 반면 큰맘 먹고 무상증자를 감행할 경우 작게는 0.5에서 많게는 2 이상까지도 신주가 배정된다. 단기적인 주가상승 효과는 후자가 더 크지만, 기업 자체의 가치는 전자가 더 높을 수 있다.

② 증자에 참여하기 위해서는 [4. 신주배정기준일]을 체크해야 한다. D+2 결제제도로 인해 이날로부터 늦어도 2영업일 전까진 매수해야 신주를 받을 수 있다. 그리고 그다음 영업일에는 권리락이 발생하여 증자의 규모만큼 주가가 하향조정된다(이에 대해서는 Chapter 09 배당에서 자세히 다루겠다). 발행된 신주는 [8. 신주의 상장예정일]이 되면 계좌로 들어오며 무상증자 이벤트가 완료된다.

🥔 무상감자

[1. 감자주식의 종류와 수]

: 감자를 통해 사라지는 주식에 대한 정보이다.

[2. 1주당 액면가액]

: 사라지는 주식의 액면가를 나타낸다.

[3. 감자 전후 자본금]

: 감자를 통해 자본금이 얼마나 줄어드는지 알 수 있다.

[4. 감자 전후 발행주식수]

: 감자를 통해 전체 주식수가 얼마나 줄어드는지를 말한다.

[5. 감자비율]

: 감자로 사라지는 부분이 기존의 전체 주식수에서 몇 퍼센트가 되는지에 대한 정보이다. 예를 들어 감자비율이 90%라면, 자본금 100이 감자를 통해 10으로 줄어든다는 뜻이다. 이렇게 되면 아래 감자방법에 10대1 감자로 표기된다.

[6. 감자기준일]

: 감자를 결정한 날이다.

[7. 감자방법]

: 몇 개의 주식이 1개로 줄어드는지에 대한 정보다. 감자의 규모와 비율을 가장 직관적으로 확인할 수 있다.

[8. 감자사유]
: 보통 결손금 보전을 통한 재무구조 개선을 목적으로 기재되어 있다. 이때 결손금은 자본잠식을 유발한 마이너스 잉여금을 말한다.

[9. 감자일정]
: 거래정지 기간과 감자된 신주가 상장되는 날짜 등, 주요 일정이 표기되어 있다.

[10. 채권자 이의제출기간]
: 무상감자는 순자산이 감소하지 않는 형식적 감자이므로 크게 의미가 없는 명목상 기간이다.

공시에서 확인해야 할 사항은 감자 규모 정도가 끝이다. 감자의 경우 공시를 읽는 것보다 감자를 고려할 정도로 재무구조가 부실한 종목을 사전에 피하는 것이 더 중요하다.

사례 | **무상증자를 배당처럼 활용해온 유한양행**

2021년 12월 6일, 유한양행이 무상증자 공시를 발표했다. 유한양행은 무상증자를 연말 배당처럼 활용하는 기업 중 하나로 2016년부터 거의 매해 무상증자를 하고 있다.

○ 무상증자 결정

1. 신주의 종류와 수	보통주식 (주)	3,258,517
	기타주식 (주)	–
2. 1주당 액면가액 (원)		1,000
3. 증자전 발행주식총수	보통주식 (주)	69,972,959
	기타주식 (주)	1,180,940
4. 신주배정기준일		2022년 01월 01일
5. 1주당 신주배정 주식수	보통주식 (주)	0.05
	기타주식 (주)	0.05
6. 신주의 배당기산일		2022년 01월 01일
7. 신주권교부예정일		–
8. 신주의 상장 예정일		2022년 01월 21일
9. 이사회결의일(결정일)		2021년 12월 06일

- 사외이사 참석여부	참석(명)	5
	불참(명)	0
- 감사(감사위원)참석 여부		참석

10. 기타 투자판단에 참고할 사항
1) 신주배정은 2022년 1월 1일 00:00 현재 주주명부에 등재된 주주(자기주식 제외)에 대하여 신주를 배정함.
2) 우선주 주주도 보통주 주주와 동일하게 보통주로 배정함.
3) 단수주는 상장초일 종가를 기준으로 하여 현금으로 지급함.
(이하 생략)

[5. 1주당 신주배정 주식수]는 0.05주로 대규모 증자라 보기는 어려웠다. 참고로 이렇게 소수점 단위로 신주가 배정되면 1주 미만의 주식이 생기기 쉽다. 이러한 소수점 단위 주식을 단수주라고 한다. [10. 기타 투자판단에 참고할 사항]에 나와 있지만, 통상 단수주에 대해서는 상장 첫날 종가를 기준으로 현금 지급한다.

규모를 확인했으면 일정을 보며 마무리한다. [4. 신주배정기준일]은 2022년 1월 1일이다. 하지만 연말 연초 주식시장 폐장일(12.31.~1.1.) 때문에 무상증자에 참여하려면 12월 30일까지는 주식을 보유해야 한다. 그렇다면 이날로부터 2영업일 전인 12월 28일까지는 주식을 매수해야 신주를 받을 수 있다. 그리고 다음 영업일인 12월 29일에는 권리락이 발생하여 신주 발행 규모만큼 주가가 하향조정된다.

[8. 신주의 상장 예정일]인 1월 21일이 되어야 신주가 입고된다. 그런데 권리락이 발생한 12월 29일부터 1월 20일까지 다소 당황스러울 수 있다. 아직 신주가 입고되지도 않았는데 주가는 하향조정되었기 때문이다. 일시적으로 지분가

치가 하락한 것처럼 보이지만 걱정할 것은 없다. 신주가 입고되면 모든 것이 정상으로 돌아온다.

유한양행은 무상증자를 자주하는 만큼 그 규모가 비교적 작다. 그래서 단기적인 주가상승 효과는 크지 않다. 무상증자를 결정한 다음 날 주가는 종가 기준으로 전날 대비 3.16% 상승했다.

하지만 이익을 안정적으로 벌어들이는 힘이 있고 주주친화적인 회사라는 뜻이다. 유한양행의 주가도 꾸준히 우상향을 그리고 있다. 이런 기업들은 무상증자의 규모보다 안정적인 재무구조와 사업방향에 주목하며 장기 투자에 적합한 종목이라고 할 수 있다.

유한양행 최근 10년간 무상증자 공시 시점 및 주가 추이

무수히 많은 투자자들에게 열려 있는 일반공모·주주배정과 달리, 제3자 배정 유상증자는 회사와 미리 협의된 누군가로부터 자금을 조달받는 방식이다. 이들은 누구이고, 어떤 목적으로 해당 기업에 대규모로 투자를 했을까?

Chapter 05

유상증자

자본금이 늘어나는 유상증자, 왜 악재일까?

살다 보면 급전이 필요한 순간이 있다. 미리 저축해놓은 돈이 있다면 좋겠지만 은행에서 대출을 받을 수도 있다. 이마저 여의치 않다면 가족들에게 손을 벌리는 것도 하나의 방법이 될 수 있다. 다만 이때는 돈이 필요한 이유가 중요할 것이다. 발전적이고 타당한 이유로 손을 벌린다면 흔쾌히 빌려주실 수도 있지만 그것이 아니라면 한동안 눈칫밥을 먹어야 한다.

기업도 대규모 자금이 필요할 때가 있다. 신통치 않은 실적으로 부채 압박이 커졌을 때도 있지만 지금 하고 있는 일이 잘되어서 사업의 규모를 키우려는 이유일 수도 있다. 만약 유망한 신사업에 진출하고자 하는 이유라면 투자자들이 반기기도 한다.

이러한 상황 속에서 투자자들이 가장 선호하는 자금 조달방식은 무엇일까? 제일 좋은 방식은 회사내 잉여금을 활용하는 것이다. 하지만 은행에서 돈을 빌리거나 채권을 발행하는 것도 무난하다. 대신 부채를 이용하는 것이기 때문에 이자비용 정도는 감당할 수 있어야 한다. 그런데 이자 낼 여유가 없어 주주들에게 돈을 받아 자금을 조달하는 경우가 있다. 이것이 유상증자다.

유상증자란 주주들의 돈으로 자본금을 증가시키는 이벤트다. 앞서 다룬 무상증자는 계정 내 돈의 위치만 바뀌는 형식적 증자였다. 이에 반해 유상증자는 외부에서 자금이 들어와 실제 자산과 자본이 증가하는 실질적 증자라고 할 수 있다.

기업이 은행이나 채권을 통해 자금을 조달했다면 부채가 늘어나며 재무구조는 악화된다. 또한 좋은 조건의 대출이 쉽지 않아, 높은 이자를 내야 하는 채권을 발행했다면 추가 비용으로 인해 수익성은 더욱 하락한다. 그런데 유상증자를 하게 되면 부채가 아닌 자본이 증가하여 오히려 재무구조가 개선된다. 또한 미래에 돈을 갚을 필요도, 내야 할 이자도 없기 때문에 기업 입장에서는 여러모로 괜찮은 자금조달 방식이 된다.

대신 이제까지 투자해온 기존 주주들의 입장에서는 썩 달갑지 않은 소식이다. 곧 다루겠지만 유상증자로 발행된 신주는 할인율로 인해 현재 주가보다 싼 값에 살 수 있다. 이렇게 되면 현재 주가 상태를 유지하기가 어렵다. 증자에 참여하기만 하면 더 낮은 가격에 신주를 받을 수 있는데 지금 시장에서 비싼 값을 내고 주식을 살 필요가 없기 때문이다.

또한 앞으로의 수익 배분 측면에서도 기존 주주들은 손해다. 당장 회사가 벌어들이는 이익은 달라지지 않았는데 주식 숫자만 더 늘어났다. 즉 주식 1주당 가치가 하락하는 것이다. 단기적인 관점에서는 이러한 영향이 먼저 반영되어 주가에 하락 요인이 된다.

하지만 유상증자는 양날의 검이다. 일단 회사로 투자금이 유입되었다. 자금을 어떻게 조달하느냐도 중요하지만, 결국 관건은 조달한 자금을 얼마나 값어치 있게 사용하는가이다. 단기적인 하락요인을 상쇄시키고, 오히려 더 좋은 회사로 변모할 수 있는 계기를 마련한다면 유상증자는 지렛대가 되어 주가를 끌어올릴 수 있다.

증자의 목적에 따른
나쁜 증자와 좋은 증자

주식시장에서 유상증자 공시는 '회사에 당장 돈이 필요하지만, 부채를 끌어다 쓸 형편이 아닙니다'라고 읽히기에 단기적인 악재로 통한다. 이 단기 악재를 극복할 수 있는가는 자금이 도대체 왜 필요했는지에 달려 있다. 만약 성장성있고 타당한 투자를 위한 자금이 필요했다면 그 유상증자는 나쁘게 볼 수만은 없다. 반대로 미래를 위한 투자도 아니고, 그저 현재 위기를 넘기기에 급급해서라면 큰 기대를 가지기 어렵다.

유상증자의 목적은 아래의 6가지로, 공시의 [4. 자금조달의 목적]에 객관식으로 나와 있다. 각 자금이 어떤 용도로 사용되는지, 그리고 어느 자금에 얼마가 배분되는지를 확인해야 한다. 그런데 어떤 자금이냐보다 더 중요한 점은 투입된 자금으로부터 발생할 효과다.

운영자금	현재 사업을 운영하는 데 사용되는 자금
채무상환자금	부채를 갚기 위한 자금
시설자금	공장과 같은 설비 투자 및 유형자산에 투자하는 자금
영업양수자금	다른 영업조직을 인수하는 데 필요한 자금
타법인증권취득자금	다른 기업의 지분을 사들이기 위한 자금
기타자금	위 다섯 가지 목적에 포함되지 않는 자금

가장 자주 보이는 목적은 운영자금이다. 운영자금은 현재 사업을 유지하는 데 필요한 자금이다. 사실상 직원들에게 월급을 주고, 제품에 들어갈 원자재를 사는 데에 자금을 쓰겠다는 말이다. 미래의 기업가치를 끌어올리기 위한 투자와는 다소 거리가 멀다. 채무상환자금도 마찬가지다. 역시 당장의 빚을 갚는 데 주주들의 소중한 자금이 투입된다. 다만 이자비용을 줄일 수 있기에 수익성을 개선하는 효과는 만들 수 있다. 매출액은 꾸준히 나오고 있는데 과도한 이자비용으로 수익성을 깎아먹는 회사라면 괜찮은 목적이다. 채무상환 이후 수익성이 얼마나 개선되는지에 초점을 맞춰야 한다. 그리고 기타비용은 사용 목적조차 구체적으로 밝히지 않는 경우다. 좋게 보기 힘들다.

반면 시설·영업양수·타법인증권취득자금은 성격이 다소 다르다. 시설자금을 간단히 말하자면 공장을 더 짓는 데 들어가는 돈이다. 설비투자에는 대규모 자금이 투입된다. 따라서 미래에 수요가 늘어날 것이라는 긍정적인 예측치 없이 설비투자를 단행하는 기업은 없다.

또한 영업양수자금과 타법인증권인수자금은 새로운 사업부 혹은 타회사의 지분을 매입하는 데 사용되는 자금이다. 운영·채무상환·기타자금보다는 훨씬 미래에 대한 투자로 읽힌다. 이러한 목적의 유상증자라면 투자 결과에 따라 기업의 가치에 변화가 생길 수 있으므로 기대해볼 만하다.

추가적으로 확인할 부분은 이 투자의 방향성이 옳은가이다. 높은 부가가치를 창출할 수 있는 분야라면 유상증자는 새로운 성장동력으로서 작용하겠지만, 가능성이 미미한 사업에 무리하게 뛰어들었다면 주가는 금세 제자리를 찾아갈 것이다.

미리 알고 피하기

일반적으로 내가 투자하는 종목에서 유상증자 공시가 떴을 때 환호할 투자자는 별로 없을 것이다. 그렇다면 유상증자를 할 만한 종목을 미리 알고 피할 수 있는 방법은 없을까? 이를 미리 눈치채고 피하기는 쉽지 않다. 하지만 앞으로 유상증자를 안 하면 큰일나는 기업을 거르는 것은 가능하다.

코스닥 시장 퇴출 요건 중에는 '법인세비용차감전 계속사업손실'에 관련된 부분이 있다. '법인세비용 차감전 계속사업손실'이란 '영업이익+영업외수익-영업외비용'의 값이다. 이 값을 힘들게 계산할 필요는 없다. 재무제표에 기입되어 있으니 포털의 재무정보나 사업보고서에서 확인하면 된다. 이 값이 자본 총계의 50% 근처에 있다면 주의해야 한다.

10억 원 이상의 법인세비용차감전 계속사업손실이 최근 3개 사업연도 중에서 2개 사업연도에서 자본 총계의 50%를 초과해 발생하면 관리종목에 지정될 수 있다. 관리종목이란 한국거래소의 상장폐지 기준에 해당될 수 있어 투자자 보호가 필요한 주식을 말한다. 관리종목에 지정될 경우 주가에는 매우 큰 악재로 작용한다. 또한 관리종목에 지정된 후 마찬가지로 자본총계의 50%를 초과하는 10억 원 이상의 법인세비용차감전 계속사업손실이 발생하면 상장폐지 실질심사 대상이 될 수 있다.

예를 들어 한 코스닥 상장사가 법인세비용 차감전 계속사업손실을 기록했다고 하자. 그런데 그 손실 규모가 처음으로 전체 자본의 50%를 넘겨버렸다. 이제 이 기업은 3년 내에 한 번이라도 비슷한 규모의 손실을 기록하면 바로 관리종목행이다. 그런데 현실적으로 당장의 매출과 이익을 끌어올리기는 쉽지 않다. 이 기업은 어떤 의사결정을 내려야 할까?

법인세비용 차감전 계속사업손실이 전체 자본의 50%를 넘기지만 않으면 된다. 그렇다면 분모인 전체 자본 총계를 늘리면 퍼센트값이 낮아지며 문제를 해결할 수 있다. 유상증자라는 외부수혈을 통해 자본을 인위적으로 늘리는 것이다. 이렇게 되면 동일한 규모의 손실이 나오더라도 관리종목행을 피할 수 있다. 물론 이러한 목적의 유상증자를 시도하는 것은 미래 기업의 성장과는 무관하고 주주가치 희석에 따른 주가 폭락 역시 피할 수 없다. 하지만 관리종목에 편입되거나 상장폐지 절차를 밟는 것보다는 낫다.

혹시 보유한 종목이 코스닥 시장에 상장되어 있고, 2년 연속 당기순손실을 기록한 회사라면 손익계산서를 펼쳐야 한다. 법인세비용 차감전 계속사업손실이 전체 자본의 몇 퍼센트에 해당하는지 계산해보고 50% 근처라면 반드시 피해야 한다.

참고로 위와 관련된 법인세비용 차감전 계속사업손실이 발생해도 코스닥 시장 퇴출 요건에 포함되지 않고 유예되는 종목들도 있다. 한국거래소에서 기술성장기업과 이익미실현기업으로 지정된 종목들이다. 이들 종목들은 당장 적자를 내고 있지만 성장 잠재력이 큰 기업으로 일반 종목보다 일시적으로 완화된 규제를 적용받는다. 기술성장기업은 기술평가나 성장성 특례로 상장된 기업을 말하며 상장 후 3년간, 이익미실현기업은 매출 성장성·시가총액 요건을 충족해 상장된 기업으로 상장 후 5년간 법인세비용 차감전 계속사업손실 요건의 코스닥 퇴출 규제가 유예된다.

나도 참여할 수 있을까?
: 유상증자의 세 가지 종류

유상증자 공시에서 가장 중요한 부분은 증자방식이다. 증자방식은 누구를 대상으로 자금을 조달받는지를 말하는데 일반공모, 주주배정, 그리고 제3자 배정 유상증자로 나눌 수 있다.

일반공모	투자자라면 누구나 참여 가능
주주배정	기존 주주들에 한하여 참여 가능
제3자 배정	회사와 협의된 특정 소수만 참여 가능

유상증자에 대해 투자자들의 참여가 저조하다면 기업의 자금조달 프로젝트가 틀어질 수 있다. 목표했던 투자금이 모이지 않는 것이다. 이를 미연에 방지하고자 많은 투자자들의 참여를 독려하기 위한 유인책이 있다. 바로 신주의 가격을 현재 주가보다 저렴하게 할인해주는 것이다. 이를 할인율이라고 한다. 유상증자에 참여할 경우 시중에서 평가되는 가격보다 저렴하게 주식을 살 수 있으니, 이 할인율이 높으면 높을수록 인기가 높아지고, 목표했던 금액을 쉽게 모을 수 있다. 하지만 반대로 할인율이 높을수록 손해를 보는 이들이 있다. 바로 기존 주주들이다. 할인율이 높아질수록 같은 금액을 조달하기 위해 발행하는 신주도 함께 늘어난다. 따라서 1주당 주식의 가치는 낮아지고, 기존 주주들의 지분가치도 더 희석된다.

그래서 증자방식에 따라 할인율에 차이가 있다. 우선 주주배정 유상증자는 할인율에 법적인 제한이 없다. 기존 주주들을 대상으로만 증자가 진행되기 때문이다. 반면에 일반공모 유상증자는 기존 주주뿐만 아니라 다른 신규 투자자들도 참여가 가능하다. 그래서 최대 30%까지만 할인받을 수 있도록 제한되어 있다. 문제는 제3자 배정 유상증자다. 아무리 오랫동안 해당 기업에 투자하던 주주라 할지라도, 회사와 협의된 제3자가 아니라면 증자에 참여할 수 없다. 유상증자로 주가가 빠지는 것도 서러운데 신주에 대한 권리에서도 배제된다. 그래서 제3자 배정 유상증자는 가장 낮은 할인율인 10%를 한도로 정해져 있다.

다만 할인율에 제한이 없는 주주배정 유상증자라도, 통상 2~30% 정도의 할인율이 일반적이다. 그리고 증자 방식이 서로 혼합된 경우도 있는데, 주주배정 후 실권주 일반공모가 자주 등장한다. 우선 기존 주주들을 대상으로 참여자를 받고 목표 수량에 미달한 부분(실권주)에 대해서 일반공모로 마무리한다는 것이다. 이러한 방식으로 유상증자에 참여하면 조달 방법에 따라 적게는 10%, 많게는 30%까지 저렴한 가격으로 지분을 가져갈 수 있다.

증자방식이 중요한 이유는 해당 기업에 대해 시장이 느끼는 투자매력도를 엿볼 수 있기 때문이다. 주가 측면에서 볼 때 가장 나은 순서로 나열하면 제3자 배정, 주주배정, 마지막으로 일반공모 방식이다.

일단 제3자 배정이 가능하려면 해당 기업에 투자하고자 하는 기관투자자들이 존재해야 하며, 이들의 투자자금만으로 기업이 목표로 하는 금액에 도달할 수 있어야 한다. 그래서 제3자 배정 방식이 시장의 투자매력도가 높은 방식이라고 할 수 있다.

주주배정과 일반공모의 경우 대기업이 더 많은 투자자에게 유상증자에 참여할 수 있는 권리를 준다는 좋은 의미로 포장되기도 한다. 하지만 중소형주라면 해당 기업을 매력적으로 바라보는 기관투자자를 찾지 못해서라고 볼 수도 있다. 특히 일반공모는 이미 투자 중인 기존 주주들에게서도 목표물량을 맞추지 못할 가능성이 클 때 실시되므로 투자매력도는 더 낮다고 볼 수 있다.

이때 주의할 점이 있다. 제3자 배정 유상증자가 주가에 호재라는 뜻은 절대 아니다. 실제 유상증자 공시들을 쭉 살펴보면 가장 많은 방식이 제3자 배정이며, 가끔 주주배정이나 주주배정과 일반공모가 혼합된 형태가 등장하는 정도다. 증자방식이 제3자 배정임을 확인했다면 그다음 절차로 넘어가야 한다.

관건은
제3자 배정 유상증자

무수히 많은 투자자에게 열려 있는 일반공모, 그리고 주주배정 유상증자와 다르게 제3자 배정 유상증자는 회사와 미리 협의된 누군가로부터 자금을 조달받는 방식이다. 일반적으로 자본력을 갖춘 특정 대상으로부터 기업이 대규모의 자금을 투자받는 방식인 만큼 다른 유상증자 방식들보다는 투자자 입장에서 상대적으로 호기심이 가는 방식이라고 볼 수 있다.

또한 이러한 유상증자에 참여했다면 현재 주가와 비교했을 때 다소 저렴한 가격으로 지분을 매집할 수 있는 기회를 부여받게 된 것이다. 특히 이번에 투자받은 자금을 바탕으로 기업이 신사업에 진출해 미래 가치를 크게 끌어올리거나 기업이 긴급한 재무적 위기에서 탈출해 이후 실적 개선까지 이뤄질 수 있다는 귀중한 투자 판단이 담겨 있을 수도 있다.

그렇다면 제3자 배정 유상증자에 참여한 투자자들은 과연 누구이고, 어떤 목적으로 해당 기업에 투자를 결정했을까? 이는 유상증자 공시에 하단 부분에 상세하게 기재되어 있다. 조달자금의 방식이 만약 제3자 배정이라면 곧바로 공시 밑으로 쭉 내려가서 [제3자 배정 대상자별 선정경위, 거래내역, 배정내역 등]을 확인해야 한다. 이곳이 유상증자의 핵심이다.

○ 제3자 배정 대상자별 선정경위, 거래내역, 배정내역 등

제3자 배정 대상자	회사 또는 최대주주와의 관계	선정경위	증자 결정 전후 6월 이내 거래 내역 및 계획	배정 주식수(주)	비고
한국투자증권 주식회사 (수성코스닥 벤처M9)	없음	사업 및 경영상 목적 달성 및 투자자의 의향과 납입능력, 시기 등을 고려하여 선정	없음	21,881	-
미래에셋증권 주식회사 (수성코스닥 벤처T2)	없음	사업 및 경영상 목적 달성 및 투자자의 의향과 납입능력, 시기 등을 고려하여 선정	없음	109,409	-
...					
○○○	최대주주의 특수관계자	사업 및 경영상 목적 달성 및 투자자의 의향과 납입능력, 시기 등을 고려하여 선정	없음	54,704	-

'제3자 배정 대상자'는 누가 해당 기업에 투자했는지를 알려준다. 대상자가 회사면 회사명이, 펀드라면 펀드명이 기재되어 있다. 특히 다트 통합검색에서 검색조건을 회사명이나 보고서명이 아닌 '본문내용'으로 변경하고 제3자 배정 대상자에 기재된 대상자를 검색하면 그와 관련된 다른 공시들을 한 번에 조회할 수 있다. 해당 대상자가 주로 어떠한 종목에 투자해왔는지, 그리고 과거에 투자했던 회사의 주가는 현재 어떻게 되었는지 등을 검색해보면 투자판단에 도움을 얻을 수 있다.

대상자와 회사와의 관계도 아주 중요한 정보다. 만약 해당 기업의 임원이 포함된 사모펀드이거나, 특수한 관계에 있다면 더욱 유의해서 봐야 한다. 회사의 사정을 훤히 꿰뚫고 있는 내부자 가까이에 미래 주가의 향방이 담긴 고급 정보가 몰려 있다.

비고란에는 보호예수 기간이 나와 있다. 보호예수란 주식을 매도하지 못하도록 제한을 걸어둔 기간이다. 미리 정해진 보호예수 기간이 지나면 해당 주식 물량이 시장에 쏟아져 주가가 휘청일 수 있다. 따라서 보호예수가 해제될 무렵이 되면 대량의 매도물량 폭탄이 발생할 수 있어 유의해야 한다. 참고로 증권정보포털 사이트(seibro)에 접속하여 [주식-의무보호예수] 순으로 클릭하면 보호예수가 임박한 종목들과 그 물량 등을 미리 알 수 있다.

유상증자에 참여하는 방법

유상증자는 크게 '청약 → 납입 → 신주발행'의 절차로 진행된다. 유상증자에 참여하고 싶다면 청약을 통해 의사를 밝히고, 대금을 납입하면 마지막으로 발행된 신주를 받는 것이다. 그런데 유상증자의 세 가지 방식인 주주배정, 일반공모, 제3자 배정 중 어느 방식인지에 따라 유상증자 참여 절차와 확인해야 할 일정이 달라진다.

일반공모	청약 → 납입 → 신주발행
제3자 배정	납입 → 신주발행

우선 일반공모와 제3자 배정은 절차가 간단하다. 일반공모는 원하는 투자자들에게 청약을 받고 신주대금이 납입되면 신주를 받는다. 제3자 배정의 경우는 이미 증자 대상이 정해져 있기 때문에 청약 절차가 빠진다.

하지만 주주배정 방식의 경우 청약 전에 절차가 조금 더 복잡한 편이다. 회사는 주주들에게 신주를 인수할 기회를 제공하고 주주는 이 권리를 행사할지 말지를 선택할 수 있다. 이러한 유상증자 참여 여부를 판단하기 위한 추가적인 절차가 동반된다. 특히 이 방식은 기존 주주에게 우선권을 주는 구조이므로 언제부터 주식을 보유해 주주로 인정받을 수 있는지가 중요한 판단 기준이 된다.

> 권리락 → 신주 배정 기준일 → 신주인수권 매매기간 → 청약 → 납입 → 신주발행

주주배정 유상증자의 방식은 기존 주주들에게 신주를 발행하여 제공하는 무상증자의 절차와 비슷한 부분이 많다. 일단 유상증자에 참여하려면 [8. 신주 배정 기준일]까지 대상 회사의 주식을 보유해야 한다. 이때 마찬가지로 D+2일 결제제도를 염두에 두어야 한다. 증자에 참여하고 싶지만 아직 주식을 보유하지 않아 주주가 아니라면 신주 배정 기준일로부터 최소한 2영업일 전까지는 매수를 마무리해야 한다. 이 기준을 놓치면 유상증자 참여 자체가 불가능해지고 신주인수권도 부여받지 못한다. 특히 결제일 계산을 잘못해 기준일에 맞춰 매수했다고 착각할 수 있어 주의가 필요하다.

신주 배정 기준일 다음 영업일이 되면 유상증자에 참여하여 신주를 싸게 살 수 있는 권리가 사라진다. 즉 권리락이 발생하여 발행되는 신주의 규모만큼 주

가가 하향 조정된다. 만약 유상증자에 참여하고 싶지 않다면 이날 권리락으로 주가가 하락하기 전에 매도하는 것도 하나의 방법이다.

그런데 이전처럼 투자는 계속하고 싶지만 추가적으로 비용을 내서 신주를 사는 건 부담스러운 주주들도 있을 것이다. 아니면 단순히 유상증자에 참여할 생각이 없지만 매도하는 걸 깜빡 잊었을 수도 있다. 이러한 경우에는 울며 겨자 먹기 식으로 유상증자에 참여해야만 할까?

이러한 주주들을 위해 신주인수권 매매기간이 존재한다. 신주 배정 기준일까지 주식을 보유한 주주라면 그 주식은 {주식+신주인수권}의 상태가 된다. 유상증자에 참여하고 싶지 않다면 주식 옆에 붙어 있는 신주인수권을 떼어내서 시장에 팔면 된다.

신주인수권이란 발행될 신주를 보다 저렴하게 살 수 있는 하나의 권리로 신주인수권 매매기간 동안 별도로 거래할 수 있다. 이때 신주인수권의 가격은 현재 주가와 할인된 신주가격의 차이로 형성된다. 이 매매기간이 끝날 때까지 신주인수권을 팔지 않고 보유했다면 유상증자에 참여할 의사가 있다고 간주되며 이후 납입을 통해 신주를 지급받게 된다.

🛢 유상증자

[1. 신주의 종류와 수]

: 증자를 통해 찍어내는 신주에 대한 정보이다.

[2. 1주당 액면가액]

: 신주의 액면가가 얼마인지를 보여준다.

[3. 증자전 발행주식총수]

: 신주를 찍어내기 전의 전체 발행주식수에 대한 정보다.

[4. 자금조달의 목적]

: 증자로 마련한 돈을 어디에 사용할지에 대한 내용이다. 6가지 목적이 있으며 각 목적별로 얼마의 자금이 배분되었는지 나와 있다. 이 목적에 따라 일차적으로 긍정적인 유증과 부정적인 유증이 나누어진다. [기타 투자판단에 참고할 사

항]에 조달목적을 더 자세히 밝히기도 하므로 있다면 체크한다.

[5. 증자방식]
: 누구를 대상으로 유상증자를 진행하느냐에 대한 정보이다. (1) 일반공모, (2) 주주배정, (3) 제3자 배정의 세 가지 중 하나이거나 혼합된 방식이다. 제3자 배정이 가장 자주 등장하며 중요하다.

[6. 신주 발행가액]
: 유상증자에 참여한 투자자가 신주를 살 수 있는 가격이다. 증자방식마다의 할인율에 따라 시장 주가보다 저렴하다. 그리고 새로 유입된 투자자들의 매집 단가라고 볼 수도 있다.

[7. 기준주가]
: 이 주가를 기준으로 할인율을 적용해 발행가액을 도출했다는 의미이다. 밑으로 기준주가를 산정한 방법에 대해 자세하게 기술되어 있다.

[8. 제3자 배정에 대한 정관의 근거]
: 법 조항 몇 조인지 쓰여 있을 것이다. 정관은 법인의 권한과 의무 책임 등에 대한 규칙이다.

[9. 납입일]
: 유상증자 참여자가 대금을 지급하기로 한 날짜이다.

[10. 신주의 배당기산일]
: 발행되는 신주의 배당금이 계산되기 시작하는 첫 날을 의미한다.

[11. 신주의 상장예정일]
: 발행된 신주가 상장되어 거래가 가능해지는 날이다.

[제3자 배정 근거, 목적 등]
: [8. 제3자 배정에 대한 정관의 근거]에 정관 조항의 내용이다.

[제3자 배정 대상자별 선정경위, 거래내역, 배정내역 등]
: 제3자 배정 참여자에 대한 내용이다. 유증 회사와 어떤 관계에 있으며 선정 이유와 배정된 주식의 수 등이 나와 있다.

① 주주들의 지분가치 희석을 수반하는 자금조달 방식인 만큼 유상증자 자금이 납득할 만한 곳에 쓰여야 한다. [4. 자금조달의 목적]에서 여섯 가지 이유 중 어디에 해당되는지에 따라 미래에 대한 투자인지 아닌지를 가늠할 수 있다.

② [5. 증자방식]이 일반공모·주주배정·제3자 배정 중 어디에 해당되는지 파악한다. 보통 일반공모와 주주배정은 부정적으로 인식된다. 그렇다고 제3자 배정이 긍정적인 방식이라는 말은 아니다. 유상증자의 상당수가 제3자 배정으로 이루어진다.

③ 만약 제3자 배정 유상증자라면 [제3자 배정 대상자별 선정경위, 거래내역, 배정내역 등]을 확인한다. 대상자가 투자회사거나 해당 기업과 밀접한 관계가 있다면 관심을 가져볼 만하다. 구글링과 다트 통합검색을 통해 어떤 회사들을 주로 투자했는지, 그리고 투자한 회사들의 주가는 어떠한지 등 정보를 최대한 얻어내야 한다.

④ 납득할 수 있는 자금조달 목적이며 제3자 배정 대상자도 신뢰가 간다면 1차적인 시험대를 통과했다고 볼 수 있다. 관심종목에 넣어두고 이제 공시 밖에서 주가상승 재료와 전망을 알아본다. 재료와 전망에 대해 긍정적인 입장이라면 가급적 [6. 신주 발행가액] 밑에서 매수하도록 노력한다. 유상증자는 기관투자자들의 장기적 투자방법이므로 긴 조정장이 발생하는 경우가 많다. 여유를 가지고 긴 호흡으로 바라보는 것이 중요하다.

사례 바이오니아, 유상증자에 대거 참여한 투자회사들

이제까지는 공시와 익숙해질 수 있도록 공시 지면을 최대한 그대로 가져오고자 노력했다. 그런데 유상증자의 경우 핵심 내용에 비해 실제 공시가 너무나 방대해 공시를 처음 접하는 투자자는 어떤 항목을 먼저 봐야 하는지조차 혼란스러울 수 있으며 책에 그대로 실을 수도 없었다. 이후에 나오는 다른 공시들도 너무 길다면 중요 부분을 발췌해서 다루겠다. 이참에 옆에 다트를 띄워두고 실제 공시를 함께 보는 것을 추천한다.

2018년 4월 17일에 바이오니아가 제출한 유상증자 공시를 보겠다. 바이오니아는 코스닥 시총 상위 100위 내의 바이오 기업 중 진단 부문 최다 특허를 보유한 기업이다.

모든 업종이 그렇겠지만, 특히나 제약·바이오 업종은 단기간에 실적이 나오기 어려운 업종으로 꼽힌다. 우수한 신약후보 물질을 연구한다 할지라도 임상통과 여부는 그 누구도 알 수 없으며, 지속적인 R&D 투자와 시설 확충 등으로 꾸준한 현금유출이 발생하는 특징이 있다. 이로 인해 제약·바이오 기업은 외부 자본 조달을 통해 연구 기반을 유지하는 경우가 많다. 특히 신약 개발처럼 대규모 투자가 반복되는 분야에서는 주기적인 유상증자가 하나의 경영 패턴처럼 나타나기도 한다.

4. 자금조달의 목적	시설자금 (원)	5,000,000,000
	영업양수자금 (원)	-
	운영자금 (원)	13,499,955,000
	채무상환자금 (원)	-
	타법인 증권 취득자금 (원)	-
	기타자금 (원)	-
5. 증자방식		제3자 배정

    가장 먼저 유상증자를 통해 조달할 자금이 어디에 쓰일 예정인지를 파악하기 위해 [4. 자금조달의 목적]을 살펴야 한다. 전체 유상증자 규모는 185억이며 이 중 50억을 시설자금, 135억을 운영자금으로 계획했다. 앞에서 운영자금은 미래에 대한 투자로 보기 어려운 자금조달 목적이라고 이야기한 바 있다. 하지만 같은 운영자금이라도 업종이나 기업의 상황에 따라 실제 쓰임새가 달라질 수 있다. 제약·바이오처럼 R&D 투자가 절대적으로 중요한 업종의 경우 이러한 운영자금이 곧 연구개발비 성격을 가진다. 따라서 바이오니아의 운영자금을 위한 유상증자도 미래 성장을 위한 투자라고 보아야 했다.

    자금조달 목적을 확인했다면 이제 [5. 증자방식]을 볼 차례다. 제3자 배정 유상증자라고 기재되어 있다. 따라서 어떤 이들이 바이오니아에 자금을 투자했는지 확인하기 위해 곧바로 공시 하단에 [제3자 배정 대상자별 선정경위, 거래내역, 배정내역 등]으로 내려간다.

○ **제3자 배정 대상자별 선정경위, 거래내역, 배정내역 등**

제3자 배정 대상자*	회사 또는 최대주주와의 관계	선정경위	증자결정 전후 6월 이내 거래내역 및 계획	배정 주식수(주)	비고
중소기업은행	없음	투자자의 의향 및 납입능력, 시기 등을 고려하여 배정 대상자를 선정함	-	478,090	주권교부일로부터 1년간 전량 의무보유보유예탁할 예정
국민은행	··	··	··	79,680	··
삼성증권	··	··	··	79,680	··
한국투자증권	··	··	··	119,520	··
신한금융투자	··	··	··	39,840	··

　제3자 배정 대상자가 너무 많고 비슷하여 이하 생략했다. 은행과 증권사 등 투자회사들이 바이오니아의 유상증자에 대거 참여했으며 이하 생략된 대상자들도 모두 마찬가지였다.

　다른 유상증자 사례들을 보면 제3자 배정 대상자를 보면 잘 모르는 낯선 기업이나 단체인 경우도 많다. 그래서 다트 통합검색을 통해 유상증자에 참여한 대상자가 신뢰할 만한 기업인지, 과거에 투자했던 회사의 주가가 올랐는지 등의 검증 과정이 필요하다.

　하지만 이렇게 잘 알려진 투자회사들이 참여했다면 추가적인 노력은 덜은 셈이다. 일반적으로 기관투자자가 주도적으로 참여하는 유상증자는 기업의 신용도나 사업성에 대해 일정 부분 긍정적인 판단이 있었다는 의미로 해석할 수 있기 때문이다. 다만 기관투자자들의 투자 호흡은 개인 투자자 입장에서는 매우 길며 그들의 전체 포트폴리오에서도 아주 일부분을 차지한다는 점은 명심해야 한다. 참고로 은행이 유상증자에 참여했는데 선정경위가 채무변제라면 긍정적인 신호는 아니다. 돈을 빌려준 회사가 파산 직전이거나 대금을 지급할 형편이 아니어서 대신 주식으로 받은 상황일 수 있다.

유상증자 이후 바이오니아의 주가는 약 1년 반 동안 침체했다. 주가가 5,000~6,000선까지 빠졌다가 그나마 코로나 진단키트와 관련하여 기존 주가수준으로 회복하는 정도였다. 그러던 중 2020년 5월 20일 바이오니아는 다시 한 번 유상증자 공시를 제출한다.

4. 자금조달의 목적	시설자금 (원)	-
	영업양수자금 (원)	-
	운영자금 (원)	999,989,452
	채무상환자금 (원)	-
	타법인 증권 취득자금 (원)	-
	기타자금 (원)	-
5. 증자방식		제3자 배정
6. 신주발행가액		12,572

◯ 제3자 배정 대상자별 선정경위, 거래내역, 배정내역 등

제3자 배정 대상자	회사 또는 최대주주와의 관계	선정경위	증자결정 전후 6월이내 거래내역 및 계획	배정 주식수(주)	비고
주식회사 아이비케이 캐피탈	없음	신속한 자금조달을 위해 당사 정관에 의거하여 투자자의 의향, 납입능력, 시기 등을 고려하여 이사회에서 최종 결정함.	-	79,541	1년간 보호예수

지난번 유상증자와 규모만 다를 뿐 매우 유사한 형태였다. 나노사업분야 연구개발을 목적으로 한 운영자금 10억 규모의 증자였으며, 주가가 회복하면서 이번 유상증자의 발행가액도 지난 유증과 비슷한 12,572원으로 결정되었다. 제3자 배정 대상자는 IBK캐피탈로, 이번에도 투자회사가 유상증자에 참여했다.

바이오니아 두 차례 유상증자 이후 주가 추이

이렇게 두 차례의 유상증자 이후 바이오니아는 2021년 9월 최고가 98,800원까지 주가가 급등하게 된다. 코로나19가 기승을 부리던 당시 바이오니아는 진단키트 매출 호조로 실적이 개선됐으며 이와 함께 세계 최초로 RNA 유전자 기술을 기반으로 한 탈모 증상 완화 화장품 출시 기대감이 주가를 끌어올렸다.

공시 하나만으로 주가의 향방을 점치기는 어려운 일이다. 또한 기업으로 들어온 외부자금이 주가를 정상적으로 끌어올리는 데 소요되는 시간도 개인 투자자에겐 너무나 길게 느껴진다. 따라서 미래 성장에 긍정적으로 비춰지는 유상증자 공시가 올라왔다 하더라도 차분하게 그들이 이 기업에 투자한 근거를 역추적해야 한다. 최근 1~3년 동안 유상증자를 진행한 종목들을 찾아 투자 후보군을 추려보는 것도 매우 유용하다. 특히 여러 차례의 유상증자를 거치며 체력을 보완한 기업이나, 지속적으로 기관투자자들의 참여가 이어지는 기업은 중장기 관점에서 상승 모멘텀을 확보했을 수 있다. 이러한 후보군 중에 몇 종목은 이제 곧 시세를 분출하기 시작할지도 모른다.

주식연계채권은 주식과 채권이 혼합된 형태다. 근본은 채권이므로 부채에 속하지만 채권보다 주식이 더 유리한 상황, 주가가 일정 수준을 상회하게 되면 주식으로 바꿀 수 있다.

Chapter 06

주식연계채권

주식인가, 채권인가?

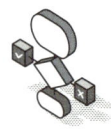

주식연계채권은 메자닌 채권, 특수사채라고도 불리는데 주식과 채권이 혼합된 형태다. 우선 근본은 채권이므로 부채에 속한다. 하지만 채권보다 주식이 더 유리한 상황, 주가가 일정 수준을 상회하게 되면 주식으로 바꿀 수 있다. 따라서 주가가 떨어질지라도 속이 쓰릴 이유가 없다. 채권이기 때문에 원금 손실을 피할 수 있으며, 여기에 이자까지 챙길 수 있다. 반대로 주가 상승하면 채권을 주식으로 전환하여 차익을 실현하면 된다. 즉 '손해 볼 일이 없는 주식'이라고 할 수 있다.

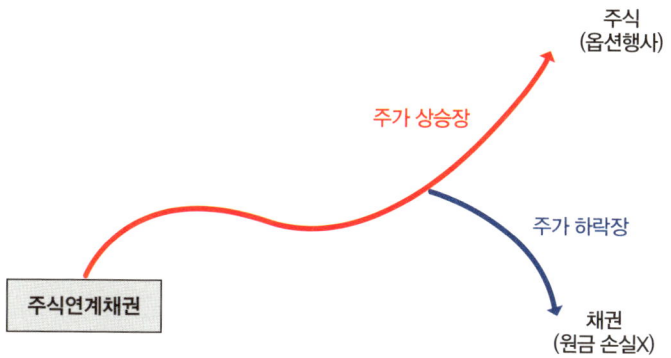

주가 추이에 따른 주식연계채권 형태

　그런데 기업은 어떠한 이유로 투자자에게 이토록 유리한 채권을 발행했을까? 기업 입장에서도 주식연계채권은 매력적인 부분이 있다. 채권에 주식 옵션을 끼워주는 대신 낮은 이자율로 채권을 발행할 수 있다. 그래서 은행 대출이나 회사채 발행 등 다른 자금조달 방식들에 비해 비용절약 효과가 크다. 또한 나중에 투자자가 옵션을 행사하여 주식으로 바꾼다 할지라도 기업 입장에서는 나쁠 것이 없다. 옵션을 행사했다는 말은 채권보다 주식이 더 매력적인 상황, 즉 자사의 주가가 올랐다는 의미이기 때문이다. 뿐만 아니라 기업의 재무상태도 개선된다. 재무상태표상에서 채권은 부채, 주식은 자본에 속한다. 그런데 옵션 행사로 채권이 주식으로 바뀌면 부채는 줄어들고 자본이 늘어난다.

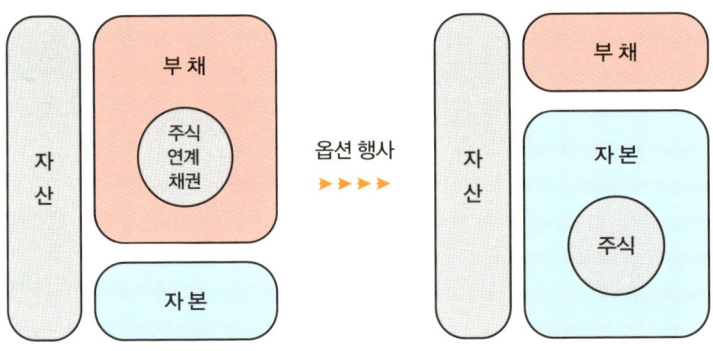

옵션 행사 전후 재무상태표 계정

재무구조가 불안정하고 이자비용조차 감당하기 힘든 기업들이 있다. 당장의 수익성이 저조한 초기 기업과 몇몇 중소기업들이 이에 해당된다. 이러한 기업들은 자금조달 문제로 항상 어려움을 겪는다. 지속적인 투자로 자금이 조달되지 않으면 성장이 둔화되며 기업 간 격차는 점차 벌어진다. 그래서 채권과 주식의 장점만 쏙 골라낸, '손해 볼 일이 없는 주식'이 만들어진 것이다.

이렇게 보면 주식연계채권은 모두가 만족할 만한 완벽한 상품인 것 같다. 하지만 이러한 채권 발행이 영 달갑지 않은 사람들도 있다. 개인투자자들과 기존 주주들이다. 대부분의 주식연계채권은 공모가 아니라 사모의 방식으로 발행된다. 그래서 회사와 미리 합의된 소수의 투자자들만이 주식연계채권의 이점을 누릴 수 있어 개인투자자들의 접근성이 매우 낮은 편이다.

기존 주주들도 이 상황이 언짢다. 자신과는 달리 손실 걱정 없는 주식을 사가는 것도 배가 아픈데, 향후 옵션을 행사한다면 주식 숫자가 늘어나 지분가치가 희석될 수 있다. 유상증자의 효과와 유사하다. 특히나 주식연계채권에는 주가가 오르면 옵션을 행사하여 차익을 실현할 목적이 노골적으로 실려 있다. 따라서 이 채권들은 주가 상승기에 터져 나올 잠재적 매도물량이나 다름없다.

하지만 개인투자자들이 직접적으로 참여할 수 없다고 해도 간접적으로 투자에 도움을 받을 수 있다. 기존 주주든 주식연계채권 투자자든, 주가 상승이라는 목표를 쫓아 한 배에 올라탔다는 점을 주목해야 한다. 이자를 받기 위해 주식연계채권을 선택하는 투자자는 없다. 애초에 이자가 목적이면 금리가 높은 다른 채권을 사는 게 낫다. 주식연계채권은 최소한의 안전장치일 뿐 모두가 옵션 행사를 바라보며 투자한다. 그렇다면 이들은 과연 무엇을 보고 주가 상승에 베팅한 것일까? 여기에서 주가 향방의 힌트를 얻을 수 있다.

주식연계채권의 세 가지 종류
: CB, EB, BW

주식연계채권에는 전환사채(CB), 교환사채(EB), 그리고 신주인수권부사채(BW)가 있다. 모두 채권이므로 정해진 만기일까지 고정된 이자를 수취한다는 점에서는 동일하다. 차이점은 채권에 붙어 있는 주식 옵션에 있다. 이 중에서 전환사채가 가장 많이 활용되는 형태이며, 교환사채, 신주인수권부사채와 각각 교집합이 있다. 따라서 전환사채를 중심으로 세 가지 특징을 살펴보겠다.

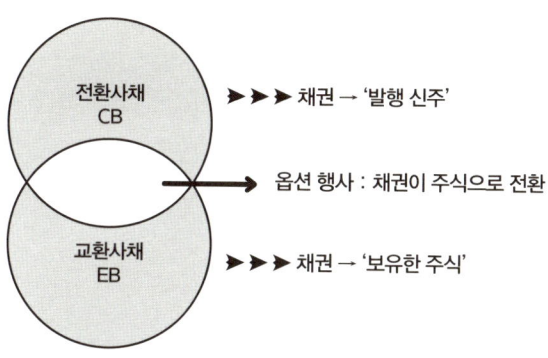

전환사채와 교환사채 비교

　CB와 EB는 주식으로 바꿀 수 있는 채권이다. 공통적으로 옵션을 행사하면 기존 채권이 사라지고, 주식이 생긴다. 이 둘의 차이점은 채권이 '어떤' 주식으로 바뀌느냐에 있다. CB의 옵션(전환권)을 행사하면 채권이 발행회사가 '찍어낸 신주'로 바뀐다. 그런데 EB의 옵션(교환권)을 행사하면 채권은 발행회사가 '보유한 주식'으로 바뀐다. 이때 보유한 주식이 발행회사의 주식일 수도 있지만, 자회사 혹은 아예 다른 회사의 주식일 수도 있다. 따라서 EB가 발행되면 어떤 회사의 주식으로 교환되는지도 추가로 확인해야 한다.

　만약에 EB로 교환되는 주식이 발행회사의 주식이라고 해보자. 그렇다면 CB와 EB, 이 둘은 똑같은 것일까? 아니다. CB가 행사되면 발행회사는 주식을 새로 찍어야 한다. 이에 따라 발행회사에 투자하던 주주들의 지분가치는 희석된다. 반면에 EB는 새로 주식을 찍을 필요 없이 보유한 자사주를 활용한다. 그래서 기존 주주들의 지분가치가 하락하지 않는다.

EB를 발행했다는 것 자체가 당장에 현금화시킬 수 있는 자산, 주식이 있다는 말이다. 즉 EB 발행기업이 CB 발행기업보다 재정적으로 더 안정된 편이고, EB의 이자가 CB보다 더 낮다. 하이리스크-하이리턴, 로우리스크-로우리턴의 원리다.

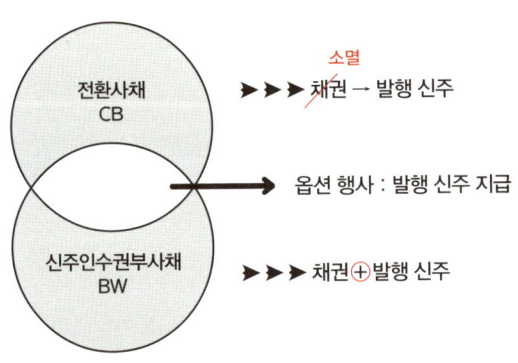

전환사채와 신주인수권부사채 비교

CB와 BW는 옵션이 행사되었을 때 발행회사가 주식을 새로 찍어서 지급한다는 점에서 동일하다. 그래서 BW도 옵션이 행사될 경우 CB와 마찬가지로 기존 주주들의 지분가치가 희석된다. 이 둘의 차이점은 채권의 소멸 여부에 있다. CB는 채권을 주식으로 전환하므로 부채가 사라진다. 하지만 BW는 채권을 그대로 남겨둔 채 신주를 저렴하게 살 수 있는 권리를 부여받는다. 그래서 부채가 사라지지 않으며 옵션 행사 시에 신주를 받기 위한 대금을 추가적으로 납입해야 한다.

즉 BW는 [채권 + 신주인수권]의 형태라고 할 수 있다. 그런데 이 채권과 신주인수권을 분리할 수 있는 경우가 있다. 이를 분리형 BW라 하며, 분리가 불가능한 경우를 비분리형 BW라 한다. 분리형 BW라면 채권은 그대로 보유하고, 신주인수권만 따로 떼어 시장에 팔 수 있다. 뒤에서 다루겠지만 주식연계채권 투자자는 회사에게 조기상환을 청구할 수 있다. 그래서 분리형 BW 투자자들이 신주인수권을 시장에 팔아버리고, 채권에 대해 조기상환을 청구하는 경우가 많았다. 문제는 BW를 헐값에 발행한 후 시장에 나온 신주인수권을 특정인이 매집하여 지분을 확대하는 방식으로 악용되었다는 점이다. 그래서 현재는 분리형 BW의 사모발행이 법적으로 금지되어 있다. 공모로 발행된 경우에는 분리형이 가능하나, 공모발행 자체가 매우 드물어 사실상 분리형 BW가 사라졌다고 봐도 무방하다. 이러한 규제는 CB가 BW를 제치고 주식연계채권 시장의 주류로 자리매김하는 데 결정적인 계기가 되었다.

전환가액은
매입단가와 다름없다

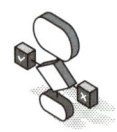

주식투자에서 수익률은 시시각각 변하는 주가와 매입단가의 차이에 의해 결정된다. 이때 매입단가는 매수 시점의 가격으로 고정되어 있다. 그리고 이 매입단가가 낮을수록 수익률이 높아지며 주식을 싸게 잘 샀다고 말할 수 있다. 그렇다면 주식연계채권을 통해 받은 주식의 매입단가는 얼마로 봐야 할까? 옵션 행사로 생긴 주식의 매입단가 역할을 하는 것이 바로 전환가액이다.

전환가액이란 주식 1주를 받는 데 들어가는 금액으로, CB는 '전환가액', BW는 '행사가액', 그리고 EB는 '교환가액'이라고 표기한다. 모두 명칭만 다르고 같은 의미이기 때문에 통칭해서 전환가액이라 부르겠다. 만약 옵션을 행사한다면, 현재 주가와 무관하게 1주당 전환가액만큼만 납입(BW)하거나, 채권을 소멸하면(CB·EB) 주식을 받을 수 있다.

예를 들어 전환가액이 1,000원인 CB 투자를 생각해보자. 현재 주가가 1,200원으로 상승하여 CB의 주식 옵션을 행사했다. 따라서 전환가액인 1,000원만큼 부채를 소멸해주면 주식을 1주 받을 수 있다. 과거에 빌려준 1,000원으로 1,200원짜리 주식을 받게 된 것이다. 과거에 1,000원을 내고 산 주식이 1,200원이 된 일반적인 주식투자 수익률과 동일하다. 따라서 복잡하게 생각할 것 없이 전환가액은 나중에 생길 주식의 매입단가로 이해하면 된다.

공시 중 [9. 전환에 관한 사항]의 '전환가액'란에 주당 가격이 기재되어 있다. 전환가액 결정방법도 상세하게 나와 있으나 투자 관점에서 크게 중요한 부분은 아니다. 최근 주가 추이를 감안한 가격이라는 정도로 알고 있어도 충분하다.

2. 사채의 권면(전자등록)총액 (원)			32,000,000,000
9. 전환에 관한 사항	전환비율(%)		100.00
	전환가액(원/주)		2,993
	전환가액 결정방법		본 사채 발행을 위한 이사회 결의일 전일로부터 소급한 1개월 가중산술평균주가, 1주일 가중산술평균주가 및 최근일 가중산술평균주가를 산술평균한 가격과 최근일 가중산술평균주가 및 청약일(청약일이 없는 경우는 납입일) 전3거래일 가중산술평균주가 중 높은 가격으로 하되, 원 단위 미만은 절상한다.
	전환에 따라 발행할 주식	종류	㈜알루코의 기명식 보통주식
		주식수	10,691,613
		주식총수 대비 비율(%)	12.55

그렇다면 위 전환사채 옵션은 언제쯤 행사될 수 있을까? 전환가액을 매입단가로 설명한 이유가 여기에 있다. 현재 주가가 매입단가보다 낮으면 주식 수익률은 마이너스가 되듯이 현재 주가가 전환가액을 밑돈다면 옵션 행사 시 수익률은 마이너스가 된다. 따라서 이때는 옵션을 행사할 이유가 없다. 차라리 채권으로 보유하여 원금을 보장받고 이자를 수취하는 것이 유리하다. 즉 옵션 행사는 전적으로 주가가 전환가액을 넘어설 수 있는지에 좌우된다.

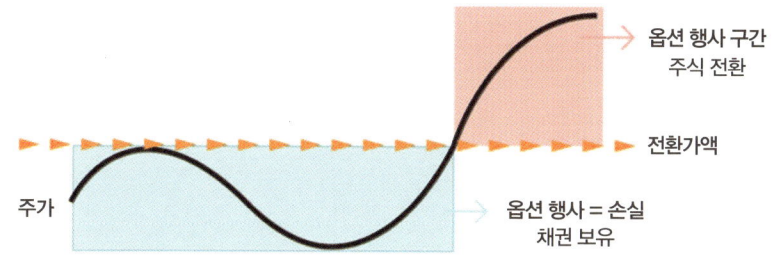

주가에 따른 옵션 행사구간

　사모로 발행된 주식연계채권에 투자했다면 십중팔구 기관투자자들이다. 그래서 이들의 손익분기점과 주식을 매집한 가격대를 알려주는 전환가액은 매우 중요하다.

　앞으로 주가 상승이 예상되는 종목이 하나 있다고 해보자. 그런데 해당 종목의 공시를 확인해보니 1년 전에 주식연계채권을 발행한 적이 있으며, 현재 주가가 전환가액 밑에 있다. 그렇다면 우리가 먼저 들어온 기관투자자들보다 더 좋은 기회를 마주했다고 할 수 있다. 다만 우리에게는 채권이라는 안전장치가 없다. 따라서 조심스럽게 저들이 투자한 이유를 역추적해야 한다. 반대로 현재 주가가 전환가액보다 높거나 소폭 낮은 수준이라면 주의를 기울여야 한다. 곧 옵션이 행사되어 대량의 매도 매물이 쏟아질 타이밍일 수 있다.

기분 좋은 주가 하락, 전환가액 조정

결국에는 주식연계채권도 주가가 올라줘야 옵션을 행사할 수 있다. 하지만 주가 상승은 말처럼 쉽지 않다. 더군다나 우량하고 수익성을 갖춘 기업은 이런 형태의 채권을 좀처럼 발행하지 않는다. 비우량 기업들이 주로 주식연계채권을 선택하고 발행 후에도 주가 상승보다 하락을 더 자주 볼 수 있다. 이렇게 되면 주식 옵션이 있다 하더라도 투자자들의 참여를 이끌어내기 어렵다.

앞선 유상증자에서는 투자자들의 참여를 유도하기 위한 장치로 할인율이 있었다. 주식연계채권에서도 참여를 유도하고, 기업의 자금조달을 원활히 하기 위한 제도가 있다. 이를 리픽싱, 전환가액 조정이라고 한다.

리픽싱이란 주가가 전환가액 이하로 하락할 경우, 전환가액도 함께 낮춰주는 것을 말한다. 전환가액은 매입단가와 같은 의미이기에 낮을수록 좋다고 했다. 리픽싱이 되면 현재 주가와 전환가액 사이의 격차가 줄어들기 때문에 옵션을 행사할 가능성이 높아진다. 투자자들을 위한 또 하나의 안전장치이다.

다만 전환가액을 무제한으로 낮춰줄 수는 없고 발행 당시 전환가액의 70%까지만 내릴 수 있다. 처음 사채를 발행했을 때 전환가액이 1,000원이었다면, 최저 700원까지 리픽싱이 가능하다. 다만 회사 정관에 따라 전환가액을 액면가까지 내릴 수 있는 경우도 종종 있으며, 반대로 70%선 이상으로 제한이 있는 경우도 있다. 이는 공시 중 '전환가액 조정에 관한 사항'에 기재되어 있다. 길고 장황하게 쓰여 있지만 리픽싱 한도가 발행 당시 전환가액의 몇 퍼센트인지만 체크해도 충분하다.

리픽싱의 진짜 효과는 지금부터다. 전환가액을 낮추었는데 향후 주가가 상승한다면, 돈 한 푼 들이지 않고 주식을 저가에 매집하는 효과가 발생한다. 다음 예시를 보자.

전환가액	1,000	▶ 리픽싱	전환가액	700
전환에 따라 발생할 주식	100주 (100,000÷1,000)		전환에 따라 발생할 주식	143주 (100,000÷700)

[총 사채발행금액 : 100,000원]

주가가 1,000원일 때, 전환가액이 1,000원인 총액 10만 원짜리 전환사채를 발행했다. 이후 주가는 계속 하락하여 전환가액을 700원까지 하향조정했다. 이로써 리픽싱 가능 최대치까지 조정이 이루어졌다. 실제 시장에서도 주가 하락으로 최대 한도까지 리픽싱을 진행하는 경우가 비일비재하게 나타난다.

이제 주가가 기존 가격인 1,000원으로 회복했을 때, 리픽싱 전후의 수익률을 비교해보자. 리픽싱 전에는 주가가 1,000원으로 회복해도 수익률은 0%이다. 이제 겨우 본전이라 옵션을 행사할 것도 없다. 하지만 리픽싱 후에는 주가(1,000원)가 전환가액(700원)보다 높아졌기에 옵션 행사가 가능하며 수익률은 +43%(300×143÷100,000)에 이른다. 리픽싱으로 매입단가는 낮아졌는데 받을 수 있는 주식수는 도리어 늘어났기 때문이다. 이것이 전환가액 조정의 힘이다.

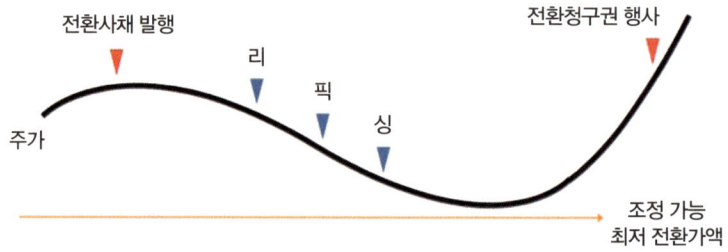

전환사채 발행 후 주가 추이

그러다 보니 주식연계채권 투자자들은 단기적인 주가 하락을 은근히 반겼다. 주가가 전환가액 밑으로 떨어져야 리픽싱을 할 수 있다. 그래서 채권 발행

이후 주가 하락이 지속되고, 이 과정에서 여러 차례 '전환가액의 조정' 공시가 올라오는 경우가 부지기수였다. 리픽싱을 몇 번 반복하다 보면 전환가액은 어느새 최저한도에 다다른다. 주가는 쭉 빠져 있고 개인투자자라면 지칠 대로 지쳐 이미 팔고 나갔을 시점이다. 이 시기부터 주가가 횡보하다가 어느 순간 급등하는 패턴이었다.

	일자	공시명	전환가액	전환가능주식수
A	2017.12.12	주요사항보고서(전환사채권 발행결정)	17,400	310,344
B	2018.12.14	전환가액의 조정 (1회차)	16,600	325,301
C	2019.03.14	전환가액의 조정 (1회차)	16,100	335,403
D	2019.06.14	전환가액의 조정 (1회차)	12,800	421,875
E	2019.09.16	전환가액의 조정 (1회차)	12,200	442,622
F	2021.05.11	전환청구권 행사		

*조정 가능 최저 전환가액 : 17,400 × 0.7 = 12,180

모 회사의 전환사채 발행 후 주가 추이

이러한 현상이 반복되는 과정에서, 피해는 고스란히 개인투자자들과 기존 주주들의 몫이었다. 리픽싱 과정에서 개인투자자들의 손실이 날이 갈수록 커졌고, 전환 주식수가 늘어남에 따라 기존 주주들의 지분가치는 과도하게 희석되었다. 결국 금융위원회는 관련 법 개정을 통해 이러한 주식연계채권 시장을 손보기 시작했다.

2021년 12월 1일부터, 사모로 발행된 전환사채의 경우 리픽싱 상향조정이 의무화되었다. 이로 인해 전환사채의 가장 큰 메리트가 사라졌다. 이제까지는 전환가액을 낮춘 후 주가가 다시 상승할 때 전환가액을 높일 필요가 없었고, 투자 수익성이 극대화될 수 있었다. 하지만 법 개정으로, 주가가 오르면 전환가액도 함께 올려야 한다. 즉 주가가 떨어졌다가 다시 오르면서 발생하던 저가 지분매집 효과가 사라지는 것이다.

법 개정 소식이 알려지자 시장은 곧바로 반응했다. 12월 1일부터 적용되는 법이기에 그 전에 발행되는 사채는 규제 대상이 아니었고, 11월 전환사채 시장에 2조 5천억에 육박하는 돈이 몰렸다. 이는 전달 대비 120% 가까이 늘어난 수치였다. 규제를 받기 전 마지막 열차에 올라타기 위함으로 보였다.

과거에도 이와 비슷한 규제가 있었다. 2013년에 편법적으로 이용되던 분리형 BW의 사모발행이 금지된 바 있었다. 하지만 풍선을 누르면 다른 한쪽으로 바람이 쏠려가듯, 시장은 분리형 BW를 대체할 수단으로 CB를 주목했다. 자본시장연구원에 따르면 2021년 전체 주식연계채권에 들어간 자금 중 CB가 차지하는 금액이 82%에 육박했다. 과거 주식연계채권 시장을 이끌던 분리형 BW를 이제 CB가 완전히 대체한 것이었다.

늘 그래왔듯이 규제로 인해 길이 막힌다면 시장은 반드시 또 다른 길을 찾아낼 것이다. 개인적으로 유상증자가 이번에 규제를 받은 CB의 자리를 차지할 것으로 예상된다. 유상증자도 마찬가지로 주식 매집에 이용되어 왔으며 비우량기업들이 자주 선택하는 자금조달 방법이다. 또한 같은 사모방식인 제3자 배정이 다수를 차지한다는 점도 흡사하며 시장 가격대비 최대 30%의 할인을 받을 수 있다는 점도 리픽싱 한도 70%가 떠오르는 부분이다.

빨리 갚으세요
: 중도상환 청구

무슨 일이든 예상대로 척척 진행되는 경우보다는 전혀 다른 상황으로 전개될 때가 더 많다. 전환가액을 최저치까지 리픽싱했는데도 주가 침체가 계속 이어졌다고 해보자. 사실상 옵션 행사는 이제 물 건너갔다. 만기도 아직 한참 남은 상황이지만 당장이라도 돈을 돌려받고 싶을 것 같다.

반대로 회사도 비슷한 상황에 놓일 수 있다. 채권 시장의 금리가 계속 낮아진다고 해보자. 그래서 지금 채권을 발행하면 기존에 발행했을 때보다 훨씬 낮은 이자, 좋은 조건으로 자금을 조달할 수 있다. 이러면 회사는 당장이라도 기존 채권을 갚아버리고 채권을 재발행하고 싶을 것이다.

이러한 상황 속에서 중도상환이 발생한다. 투자자가 회사에게 빨리 돈을 갚을 것을 요구하는 것을 '사채권자의 청구에 의한 상환'이라고 한다. 그리고 반대로 회사가 투자자에게 먼저 갚겠다고 청구하는 것을 '회사의 조기상환청구권'이라 한다. 채권을 만기 전에 중도 상환한다는 점에서는 동일하고, 누가 권리를 행사하는지에서만 차이가 있다. 이는 공시에서 [기타 투자판단에 참고할 사항]에 기재되어 있다.

투자자의 청구, 즉 사채권자의 청구에 의한 상환은 일반적으로 사채 발행 후 일정 기간이 경과하면 3개월마다 청구가 가능하다. 분리형 BW의 경우 신주인수권만 따로 보유하거나 시장에 팔 수 있다고 했다. 그래서 과거에는 BW에서 조기상환 청구를 통해 원금을 빠르게 회수하고 신주인수권만 매매 및 보유하는 경우가 많았다.

회사의 청구, 회사의 조기상환청구권도 가능하지만 투자자의 권리에 비해서 다소 약한 편이다. 청구권 행사의 총 횟수와 청구금액에 한도가 정해져 있는 것이 일반적이다.

전환사채권 발행 결정

[1. 사채의 종류]

: 사채의 종류와 회차를 표기하고 있다.

[2. 사채의 권면총액]

: 이번 채권 발행을 통해 조달한 자금의 규모를 말한다.

[2-1. 정관상 잔여 발행한도]

: 주식연계채권은 발행할 수 있는 한도를 상법상, 회사의 정관으로 정해두고 있다. 이 한도가 얼마나 남았는지를 금액으로 표기한다.

[3. 자금조달의 목적]

: 유상증자와 동일한 형식으로, 각 목적마다 배당된 금액을 표기하고 있다.

[4. 사채의 이율]

: 표면이자율과 만기이자율이 있다. 표면이자율은 매년 받을 수 있는 이자를, 만기이자율은 만기까지 보유시 최종적으로 받을 수 있는 이자를 뜻한다. 그리고 만기이자율에는 표면이자로 받았던 금액이 포함되어 있다.

[5. 사채만기일]

: 주식연계채권도 사채이므로 원금과 이자를 돌려 받는 만기 날짜가 정해져 있다.

[6. 이자지급방법]

: 이자를 지급하는 주기를 명시하고 있다.

[7. 원금상환방법]

: 만기에 상환할 방법으로, 보통 원금의 100+a%를 일시에 상환이라 기재되어 있다.

[8. 사채발행방법]

: 누구든 참여할 수 있는 공모발행, 미리 약속된 소수만 참여할 수 있는 사모발행 둘 중 하나로 표기한다. 거의 대부분 사모발행이다.

[9. 전환에 관한 사항]

: 주식 전환옵션에 대한 내용이다.

[전환비율(%)]
: 사채금액의 몇 퍼센트가 주식으로 전환되는지를 말하며 대부분이 100이다.

[전환가액]
: 얼마의 사채가 주식 1주로 전환되느냐이다. 복잡하게 생각할 것 없이, 옵션 행사로 받을 주식의 매입단가로 이해한다.

[전환가액 결정방법]
: 전환가액을 어떻게 산정했는지에 대해 매우 복잡하게 설명하고 있다.

[전환에 따라 발생할 주식]
: 주식전환옵션 행사 시 받을 수 있는 주식의 수이다. 리픽싱으로 전환가액이 낮아지면 늘어난다.

[전환청구기간]
: 주식전환 옵션을 행사할 수 있는 기간이다. 채권 투자자들은 이 기간 안에 주가가 전환가액 이상으로 상승할 것이라 판단한 것이다.

[전환가액 조정에 관한 사항]
: 리픽싱이 어떠한 근거로 이루어질지를 길게 설명해놓은 부분이다. 매우 길고 복잡하지만, 최초 전환가액의 몇 퍼센트까지 조정되는지만 파악하면 된다.

[시가하락에 따른 전환가액 조정]
: 최대한으로 리픽싱을 했을 때의 가격이다. 최소한 전환가액이 이 금액에 도달할 때까지 주가가 하락할 가능성이 높다. 가끔 통상적인 한도 70%를 초과하여 액면가까지 가능한 경우가 있다. 회사 정관을 변경할 경우 가능하나, 이런 종목은 주주들을 전혀 배려하지 않는다고 보여지므로 피하는 것이 좋다.

[9-1. 옵션에 관한 사항]
: 발행회사와 투자자가 서로 가지고 있는 조기상환청구권에 대한 내용이다.

[11. 청약일]
: 해당 사채발행을 합의한 날이다.

[12. 납입일]
: 채권자가 사채매입대금을 지급하는 날이다.

[특정인에 대한 대상자별 사채발행내역]
: 이 사채를 받아간 주체가 누구인지를 알려주는 부분이다. 유상증자와 동일한 방식으로 분석한다.

[조달자금의 구체적 사용목적]
: 자금조달 목적은 위에서 6가지 중 해당하는 부분에 금액으로 표기했었다. 이를 더 구체적으로 설명하고 있다.

[미상환 주권 관련 사채권에 관한 사항]
: 그 전에 발행한 사채들에 대한 정보다. 각 사채의 종류와 회차를 통해 구분하고, 전환가액과 행사 가능기간을 체크해야 한다. 추후 이것들이 전환되어 매도 물량으로 둔갑할 가능성이 있기 때문에 주의해야 한다.

주식연계채권 공시는 채권투자자의 입장에서 대단히 상세한 정보를 제공한다. 하지만 이 역시 투자자 입장에서 몰라도 무방한 정보가 상당한 편이다. 참고로 가장 자주 나타나는 CB를 기준으로 했다. BW라면 '전환' 대신 '행사', EB라면 '교환'으로 표기되어 있다.

① [1. 사채의 종류]를 통해 몇 회차의 어떤 사채인지 확인한다. 주식연계채권을 한 번도 발행해본 적이 없는 회사도 많지만, 한 번 해본 회사는 자주 발행한다. 각기 다른 여러 사채들의 공시가 뒤엉켜 헷갈릴 수 있다. 회차가 다르면 아예 다른 공시이므로 먼저 사채의 회차를 체크한다.

② 조달된 자금의 사용처를 [3. 자금조달의 목적]을 통해 확인한다. 유상증자와 같은 형식으로 이루어져 있다. 공시 하단에 [조달자금의 구체적 사용목적]을 함께 참고하여 자금 사용처가 타당한지 살펴본다.

③ [8. 사채발행방법]은 대부분 사모발행이다. 따라서 제3자 배정 유상증자

와 마찬가지로 누가 투자를 한 것인지가 매우 중요하다. [특정인에 대한 대상자별 사채발행내역]으로 내려가 사채발행 회사와의 관계를 중심으로 대상자가 믿을 만한 단체인지, 과거 성과는 어떠했는지 검색해본다.

④ 주식 옵션의 조건들을 확인한다. [9. 전환에 관한 사항]의 '전환가액'은 전환될 주식의 매입단가이자 손익분기점이다. 현재 주가와 얼마나 차이가 있는지 비교하는 것이 중요하다. 그리고 채권 투자자들이 '전환청구기간' 안에 주가가 전환가액을 상회할 것에 베팅했다고 보면 된다.

공시에서 확인할 것은 이 정도다. 이후에는 전환가액과 주가의 간격과 리픽싱, 조기상환청구 등 추가 공시가 제출되는지를 확인해야 한다. 또한 공시 밖에서 옵션 행사를 가능케 할 호재 역시 모니터링해야 한다. 유상증자와 마찬가지로 과거에 이러한 사채를 발행한 종목들을 찾아보는 것도 좋다.

Chapter 06 주식연계채권

사례 영화 〈기생충〉 제작사, 바른손이앤에이의 전환사채 발행

국내 문화 컨텐츠가 글로벌 시장의 주목을 받을 때면 국민적인 성원을 받곤 한다. 그런데 기존 팬들 못지않게, 누구보다 간절히 흥행을 바라는 사람들이 있다. 바로 관련주 투자자들이다. 싸이, BTS, 그리고 〈오징어게임〉까지, 각각이 주목받을 때마다 여러 관련주가 함께 오르내린 바 있다.

영화 〈설국열차〉를 통해 할리우드에 눈도장을 찍은 봉준호 감독은 2019년에 개봉된 〈기생충〉으로 다시금 세계를 놀라게 했다. 그의 〈기생충〉은 비단 영화계뿐만 아니라 주식시장도 뜨겁게 달궜다. 이번에 다룰 바른손이앤에이 역시 〈기생충〉 관련주라는 이름으로 꽤 유명했던 종목이다. 바른손이앤에이가 2017년 4월 24일 제출한 전환사채 발행 공시를 보겠다.

1. 사채의 종류		회차	18	종류	무기명식 이권부 무보증 사모 전환사채
2. 사채의 권면(전자등록)총액 (원)			4,300,000,000		
3. 자금조달의 목적	시설자금 (원)		-		
	영업양수자금 (원)		-		
	운영자금 (원)		4,300,000,000		
	채무상환자금 (원)		-		

	타법인 증권 취득자금(원)	-
	기타자금 (원)	-
8. 사채발행방법		사모

[1. 사채의 종류]를 보면 '18회차 무기명식 이권부 무보증 사모전환사채'다. 바른손이앤에이는 2017년 한 해에만 16, 17, 18회차 채권을 발행했으며 각각에 관련된 여러 공시가 제출되었다. 따라서 추후에 올라오는 공시가 18회차에 대한 것인지 확인해야 한다.

이번 CB로 조달한 자금은 43억으로, [3. 자금조달의 목적]에 따르면 '운영자금'으로 사용된다. 영화를 제작하고 배우들을 캐스팅하는 등 직접적인 기업 운영에 들어갈 자금이라고 추정할 수 있었다. [8. 사채조달방법]은 역시나 사모였다. 따라서 공시 하단으로 내려가 누가 CB를 받아갔는지 체크한다.

○ 특정인에 대한 대상자별 사채발행내역

발행 대상자명	회사 또는 최대주주와의 관계	발행권면총액(원)
원아시아브이엘 제1호 사모투자합자회사	회사의 사외이사가 발행 대상자의 업무진행 조합원의 사내이사임.	4,300,000,000

원아시아브이엘이라는 사모투자합자회사가 CB물량을 받아갔음을 알 수 있었다. 그런데 회사와의 관계가 꽤나 밀접하다. 이렇게 발행회사의 내부자가 속

한 단체가 물량을 받아갔다면 관심종목에 넣어두고 모니터링할 만하다. 가장 결정적인 정보는 결국 기업 내부에 있다.

9. 전환에 관한 사항	전환비율(%)		100
	전환가액(원/주)		2,795
	전환가액 결정방법		생략
	전환에 따라 발행할 주식	종류	㈜바른손이앤에이 기명식 보통주
		주식수	1,538,461
		주식총수대비 비율(%)	2.28
	전환청구기간	시작일	2018년 04월 28일
		종료일	2021년 04월 21일
	전환가액 조정에 관한 사항		단, 새로운 전환가격은 발행 당시 전환가격(조정일 전에 신주의 할인발행 등의 사유로 전환가격을 이미 조정한 경우에는 이를 감안하여 산정한 가격)의 70% 이상이어야 한다.

마지막으로 [9. 전환에 관한 사항]에서 CB의 옵션에 대해 체크하면 끝이 난다. 우선 '전환가액'은 당시 주가 수준인 2,795원이다. 이 가격에 0.7을 곱하여 리픽싱 한도를 계산해보면 1956.5원이 된다. 즉 전환가액이 1956.5원으로 조정될 때까지 주가가 하락할 수 있으니 유의해야 한다. 옵션의 행사 가능기간, '전환청구기간'은 2018년 4월 28일부터 만기 일주일 전인 2021년 4월 21일이다. 이 기간 사이에 주가가 전환가액을 상회하지 못한다면, 채권 투자자는 옵션을

행사하지 못한 채 투자를 마무리해야 한다.

이 정도까지만 체크하면 CB공시 해석은 끝이다. 이제 공시 밖을 예의주시해야 한다. 영화 제작은 어떻게 진행되고 있는지, 그리고 전환사채의 전환가액은 얼마까지 조정되는지 확인한다.

○ 전환가액의 조정

1. 조정에 관한 사항	회차	조정 전 전환가액(원)		조정 후 전환가액(원)
	18	2,795		2,147
2. 전환가능 주식수 변동	회차	미전환사채의 권면총액(통화단위)		조정 전 전환 가능 주식수 (주)	조정 후 전환 가능 주식수 (주)
	18	4,300,000,000	KRW:South-Korea Won	1,538,461	2,002,794
3. 조정사유	시가하락에 의한 전환가액의 조정			

18회차 CB 발행공시가 나온 지 약 6개월 후인 2017년 10월 30일이었다. 〈전환가액의 조정(18회차)〉 공시가 나왔다. 그간 주가가 많이 떨어진 터라 전환가액이 기존 2,795원에서 현재 주가 수준인 2,147원까지 하향조정되었다. 이로써 매입단가는 낮아지고, 전환가능 주식수는 약 46만 주 늘어나게 된다. 하지만 리픽싱 한도가 아직 남았기에 추가로 하락할 여지가 있었다.

○ 단일판매 · 공급계약체결

1. 판매 · 공급계약 구분		영화 〈기생충〉 제작 및 공급계약
2. 계약내역	매출액 대비(%)	30.00
3. 계약상대방		씨제이이앤엠 주식회사

    2018년 1월 23일, 배우들이 캐스팅되었으며, 3월 26일 공급계약 공시가 나왔다. 계약 내용은 CJ E&M과 체결한 영화 〈기생충〉 제작이라고 명시되어 있다. 전년 매출액 대비 30%에 달하는 꽤 규모가 큰 계약이었다. 단일판매 · 공급계약에 대해서는 Chapter 08에서 자세히 다루도록 하겠다.

    지금까지의 상황을 요약해보면, 바른손이앤에이와 긴밀한 관계의 투자자가 CB 물량을 받아갔다. 그리고 이후 회사가 봉준호 감독의 〈기생충〉 제작에 참여하고 있음이 공시를 통해 드러났다. 아직 리픽싱 최대 한도인 1956.6원에 오지 않았으며, 해당 투자회사는 2021년 4월 21일이 도래하기 전까지 주가가 전환가액을 윗돌아 옵션을 행사한다에 베팅을 했다.

○ 전환가액의 조정

1. 조정에 관한 사항	회차	조정전 전환가액(원)		조정후 전환가액(원)	
	18	2,147		1,957	
2. 전환가능주식수 변동	회차	미전환사채의 권면총액(통화단위)		조정전 전환가능 주식수(주)	조정후 전환가능 주식수(주)
	18	4,300,000,000	KRW:South-Korea Won	2,002,794	2,197,240
3. 조정사유		시가하락에 의한 전환가액의 조정			

그리고 2018년 4월 30일, 다시 한 번 전환가액이 조정된다. 기존 2,147원에서 1,957원으로 낮아졌다. 리픽싱 한도가 1,956.5원임을 감안한다면 이제 한도를 끝까지 채웠다고 볼 수 있다. 이제부터 관심을 가져야 할 것은 두 가지다. 회사가 추가적인 CB를 발행하는지와, 영화 〈기생충〉의 흥행 여부다.

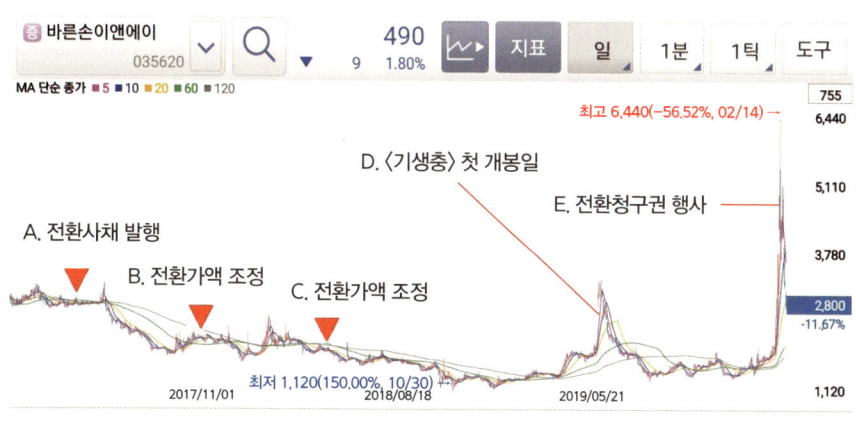

바른손이앤에이, 전환사채 발행부터 옵션 행사까지 주가 추이

	일자	공시명	전환가액	전환가능주식수
A	2017.04.24	주요사항보고서(전환사채권발행결정)	2,795	1,538,461
B	2017.10.30	전환가액의 조정 (제18회차)	2,175	2,002,794
C	2018.04.30	전환가액의 조정 (제18회차)	1,957	2,197,240
D	2019.05.30	〈기생충〉 첫 개봉일		
E	2020.02.13	전환청구권 행사 (제18회차)	1,957	2,197,240

*조정 가능 최저 전환가액 : 2,795 × 0.7 = 1,956.5

그렇게 시간은 흘러 옵션 행사 가능 기간이 두 달 남짓 남은 2020년 2월이 되었다. 당시 〈기생충〉은 제92회 아카데미 시상식을 재료로 다시 큰 관심을 받았다. 특히 작품상 등 4관왕을 수상한 2월 10일부터 주가는 연일 급등했고 이전의 고점을 훌쩍 넘어섰다. 결국 상한가를 기록했던 2월 13일에 18회차 CB의 전환청구권 행사 공시가 올라왔다.

○ 전환청구권행사 (제18회차) 중 일별 전환청구내역

청구 일자	사채의 명칭		청구금액	전환 가액	발행한 주식수	상장일 또는 예정일
	회차	종류				
2020-02-13	18	무기명식이권부 무보증사모전환사채	4,300,000,000	1,957	2,197,240	2020-02-27

18회차 CB에 대한 투자자가 보유 전환사채 전량을 주식으로 전환하겠다는 청구권을 행사한 것이다. 전환된 주식은 2월 27일 시장에 풀리게 되고 이 주식 물량만큼 기존 투자자들의 지분가치는 하락하게 된다. 당시 바른손이앤에이의 전체 발행주식수는 71,226,263주였다. 이번에 전환된 주식은 두 번의 전환가액 조정을 거치며 전체 주식수의 약 3%를 넘는 규모까지 늘어났다.

또한 차익 실현을 위해 채권에서 주식으로 전환된 만큼 향후 매도 물량으로 작용할 가능성이 컸다. 특히나 바른손이앤에이는 〈기생충〉이 아카데미 시상식에서 4관왕을 거두었던 2월 10일부터 4거래일 연속으로 두 자릿수 상승률을 보였으며 12일과 13일에는 연속 상한가를 기록했다. 투기적 거래심리가 극대화된

상황에서 이러한 악재는 시장이 더욱 민감하게 받아들이는 경향이 있다.

전환청구권 행사 공시가 나온 다음 날인 2월 14일, 바른손이앤에이는 전날 대비 10% 높은 주가로 출발하고 장중 상한가를 터치하기도 했다. 하지만 일순간에 공포 매도세가 속출하며 전날 대비 18.16% 하락한 종가로 장을 마감했다. 이후에도 하락은 계속 이어졌다. 2월 14일 최고가 6,550원에 육박했던 주가는 전환사채가 주식으로 바뀌어 시장에 풀린 2월 27일 2,600원에 마감하며 단기간에 절반 이하의 가격까지 급락했다.

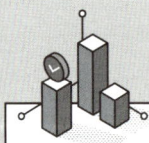

해당 공시를 제출했다면 십중팔구 대규모 자금을 굴리는 기관투자자다. 기관이 신규 투자를 결정하는 과정에는 수많은 정보와 분석들이 선행된다. 우린 공시를 통해 이들의 분석을 간접적으로나마 공유할 수 있다.

Chapter 07

지분공시

5%룰,
경영권을 지키는 경보음

지분은 회사의 전체 발행주식 중 내가 보유한 주식이 몇 퍼센트인지를 말한다. 주주들 사이의 힘의 크기를 알려주는데, 이 지분율이 높을수록 기업의 의사결정에 더 강한 영향력을 행사할 수 있다. 그리고 가장 높은 지분을 가지고 있는 주주를 최대주주라고 한다. 이 최대주주에게 경영권이 있으며, 기업이 나아갈 방향과 속도가 달려 있다.

그런데 이 경영권을 호시탐탐 노리는 이들이 존재한다. 적대적 M&A 세력이다. 특히 최대주주의 지분율이 낮은, 경영권이 약한 회사가 주로 표적이 되곤 한다. 이들은 회사의 장기적인 성장에는 관심이 없다. 순간적인 주가를 높이는 데에 몰두할 뿐이다. 경영권 분쟁에서 승리하여 회사를 차지하고 나면, 최우선적으로 단기적인 실적을 개선하는 데 힘쓴다. 자산 매각을 통해 부채를 청산하고 유망한 신사업에 뛰어들어 주가를 다급히 끌어올리는 경우가 많다. 그리고 목표치에 다다르면 지분을 매각하여 시세차익을 거두고 사라진다.

일반적으로 기업이 경영권 분쟁에 휘말리면 갑작스레 높은 수복을 받곤 한다. 기존 경영진과 적대적 M&A 세력이 서로 지분 확보 경쟁에 뛰어들 수 있기 때문이다. 경영권을 지키고 빼앗기 위해 주식을 앞다투어 사들이다 보면 주가가 일시적으로 급등하는 경향이 있다. 하지만 이 역시 투기세력들에게 악용되곤 했다. 경영권을 가져올 의지 없이 위협만 하는 것이다. 이를 통해 주가를 띄우고 차익을 실현하여 철수하는 방식이었다.

경영권이 흔들리면 기업이 흔들린다. 그리고 기업이 흔들리면 그 피해는 고스란히 주주들의 몫이 된다. 이를 막기 위해 누군가 대량의 주식을 매입하면, 기존 경영진이 경계하고 대응할 수 있도록 도움을 주는 공시가 있다. 투자자가 누구든 간에 전체 지분 중 5% 이상의 주식을 사들였다면 '주식등의대량보유상황보고서' 공시 의무가 발생한다. 그래서 이 공시를 '5%룰'이라고도 부른다.

5%룰 보고의무 발생	보고구분
(1) 회사의 전체 지분 중 5% 이상을 보유하기 시작했을 때	신규
(2) 신규보고 대상자의 지분에 1% 이상 변동이 있었을 때	변동
(3) 투자의 목적이나 계약 내용 등 변경·변동사항이 있을 때	변동

만약 어떤 투자자가 지분을 5% 이상 보유하기 시작했다면, 우선 '신규보고'로 공시를 제출해야 한다. 그런데 이 신규보고자가 지분을 조금씩 늘려나간다고 해보자. 혹여나 경영권을 노리는 것은 아닌지 기존 경영진이 경계해야 할 상황이다. 그래서 직전 보고 대비 1% 이상 지분이 증감했을 때 재차 5%룰 공시보고를 해야 하는데, 이를 '변동보고'라 한다. 이전 보고와 투자목적이 바뀌거나 상세내역이 변동했을 때도 마찬가지로 변동보고 의무가 발생한다. 이렇게 5%룰은 기존 경영진들에게 주의를 주는 경보음 역할을 한다.

참고로 신규보고는 처음 주식을 매입했다는 뜻은 아니다. 신규보고자가 과거에 5% 미만의 지분을 보유했을 수 있고, 심지어는 상당한 지분을 가진 공시대상자였을 수도 있다. 지분이 5% 미만으로 내려갔다가 다시 올라와도 신규보고로 공시를 제출하기 때문이다. 즉 지분이 6% → 4% → 5%로 변동했다면, 5%에서 다시 신규보고로 공시의무가 생긴다. 5%에 선을 그어놓고, 이를 넘을 때마다 신규보고라는 경보음이 울린다고 생각하면 된다.

신규보고, 단순투자 목적, 장내매수에 주목하라

지분 5% 이상을 보유하면 누구든지 공시의무가 발생한다. 그런데 모든 투자자가 경영권에 관심이 있는 것은 아니다. 단순히 투자목적으로 주식을 샀을 뿐, 경영권은 안중에도 없는 신규보고자의 입장에서 보면 여간 껄끄러운 상황이 아닐 수 없다. 힘들게 발굴한 종목을 모두에게 공개해야 하며, 상세 투자내역도 제출해야 한다. 이를 피할 수는 없을까? 지분이 5%에 살짝 못 미치게 투자하면 된다. 4.9%만 보유했다면 내가 투자한 종목이 노출될 일도, 공시 작성 의무도 사라진다.

그런데 이 같은 점들을 감수하면서까지 '단순투자' 목적으로 굳이 5% 이상의 지분을 사들여 '신규보고' 의무대상자가 되었다. 마침 매입의 방식도 '장내매수'로 이번에 시장에서 주식을 직접 사들였다(아주 오래전에 매수했던 주식으로 인해 5%룰 공시를 제출하는 경우도 많다. 매입방식이 주식연계채권이나 유상증자, 신규상장인 경우가 대표적이다). 이러한 종목이라면 예의주시할 필요가 있다. 어떤 이유로 대규모 투자를 결정했을지 역으로 추적해야 한다.

(1) 보고구분	신규보고
(2) 보고사유	주식 장내매수
(3) 보유목적	단순투자

▶ **투자의 이유를 역추적**

해당 공시를 제출했다면 십중팔구 대규모 자금을 굴리는 기관투자자다. 기관이 신규 투자를 결정하는 과정에는 수많은 정보와 분석들이 선행된다. 우린 공시를 통해 이들의 분석을 간접적으로나마 공유할 수 있다. 무수한 종목들 틈에서 수익을 안겨다 줄 종목을 찾기는 쉽지 않다. 하지만 역으로, 먼저 선택받은 종목들 사이에서 투자의 근거를 찾는 일은 상대적으로 수월하다.

실제 5%룰 공시를 보면 여러 페이지로 구성되어 있어 상당히 복잡해 보인다. 하지만 투자 종목을 발굴하기 위함이라면 1페이지만 봐도 큰 도움을 얻을 수 있다. 표지 첫 페이지에 전체 내용이 잘 요약되어 있다. 여기서 '보고구분' '보고사유' '보유목적' 이 세 가지만 빠르게 체크하면 된다.

○ 주식등의대량보유상황보고서

요약정보			
보고특례 적용 전문투자자 구분	–		
발행회사명	에스케이스퀘어㈜	발행회사와의 관계	기타
보고구분	신규		
보유주식등의 수 및 보유비율		보유주식등의 수	보유비율
	직전 보고서	–	–
	이번 보고서	7,193,336	5.08
보고사유	주식 장내매수에 따른 신규보고		
보고목적	단순투자		

보고의무발생일 : 2022.03.03
보고자 : Macquarie Investment Management Business Trust

　대량보유상황보고서는 하루에도 수십 개씩 쏟아진다. 대부분은 과거부터 보유하던 종목의 비중이 바뀌거나, 세부 계약내용이 변경된 변동보고이다. 신규보고일지라도 오래전부터 투자해왔던 주식연계채권 혹은 비상장 기업의 상장으로 공시 제출 의무가 생긴 경우가 많다. '신규보고' '장내매수' '단순투자목적', 이 세 가지 요건을 동시에 갖춘 공시는 드물다. 그래서 더 눈여겨보아야 한다.

　단, 이 역시 기관을 쫓아 5%룰 공시를 그대로 따라 투자했다간 큰코다칠 수 있다. 국민연금과 같은 연기금의 경우, 오직 수익성만 쫓는 것은 아니다. 증시 폭락장 속에서 구원투수 역할을 하기도 한다. 손해 볼 것을 알면서도 공공자산으로서 주가를 방어하기 위해 주식을 사들이는 것이다. 물론 자산운용사 등 투자회사들은 오직 수익성 하나만 보고 투자한다. 하지만 이들이라고 무조건 수익을 내는 것도 아니며, 막대한 시드 규모이기에 만족할 수 있는 자그마한 수익률을 쫒기도 한다.

무엇보다 가장 중요한 점은 투자의 자세와 시각이 매우 장기적이다. 그래서 자산운용사의 5%룰 공시를 보자마자 이들과 똑같이 가겠다는 생각으로 매수한다면 생각 이상으로 고통스러운 투자가 될 수 있다(이는 기관이 참여한 유상증자와 주식연계채권을 쫒는 방식에서도 마찬가지다). 끝없는 주가하락에 지칠 대로 지치다가 결국 매도를 치게 된다.

5%룰 공시도 당장 투자할 종목을 찾기보다는 분석해볼 만한 종목을 찾는다는 방식으로 접근해야 한다. 과거에 위 세 가지를 충족하는 공시를 제출한 적이 있으며, 아직까지 투자를 유지 중인 기업들을 찾아보는 방식도 좋다. 마음에 여유를 가지고 기관투자자들이 이 회사의 어떠한 면을 보고 투자를 결정했을지 지난 실적과 시장 상황을 살펴야 한다. 너무 먼 미래에 고개를 내저을 수도 있지만 기관이 반한 포인트에 함께 공감할 수도 있다. 또한 기관의 매집단가보다 훨씬 저렴한 주가에 마주하는 행운도 누릴 수 있다.

진짜 정보는
내부자들에게 있다

임원·주요주주 특정증권등 소유상황보고서(이하 임원공시)는 회사 내부자로 볼 수 있는 임원들과 지분 10% 이상의 주요주주들에게 해당되는 공시이다. 이러한 내부자에 속한다면 단 1주의 주식을 사고팔더라도 공시를 제출해야 한다.

임원공시는 앞서 다룬 5%룰보다 규정이 훨씬 **빡빡하다**. 임원들과 대주주는 기업의 의사결정에 보다 직접적으로 관여할 수 있는 위치에 있기 때문이다. 내부자들이 정보의 우위를 활용하여 중·단기적으로 매매에 나설 경우 외부의 투자자들은 속수무책으로 당할 수밖에 없다. 그래서 금융당국은 기울어진 운동장의 수평을 맞추기 위해 내부자들의 보유 주식 수량이 단 1주라도 변동할 경우 임원공시를 제출하도록 규정하고 있다. 5%룰이 경영권의 안정을 위한 방어책이라면, 임원공시는 이들에 대한 견제수단인 셈이다. 그런데 임원이라고 해서 다 같은 임원이 아니다. 이사회 참석여부로 등기임원과 비등기임원으로 나눌 수 있다. 등기임원은 이사회에 참석하여 주요 의사결정에 관여하는 실질적인 임원이다. 따라서 등기임원의 공시에 더 주목해야 한다.

2. 보고자에 관한 사항

	임원(등기여부)	등기임원	직위명	상근감사
발행회사와의 관계	선임일	2022년 03월 18일	퇴임일	-
	주요주주			

임원공시의 두 번째 페이지, [2. 보고자에 관한 사항]을 보면 임원의 프로필을 확인할 수 있다. 여기서 '발행회사와의 관계' 중 '임원(등기여부)'에 등기임원인지 아닌지 기재되어 있다. 물론 비등기임원의 매수도 좋은 신호라고 볼 수 있지만 등기임원의 매수가 더 좋은 신호다.

다음으로 볼 것은 공시 의무가 발생한 이유인데 마지막 페이지, [3. 특정증권등의 소유상황]의 '다. 세부변동내역'을 보면 '보고사유'란이 있다. 어떠한 이유로 주식 소유 상황이 변경되었는지를 알려준다. 앞서 5%룰과 마찬가지로 주식 수량의 변동은 여러 가지 이유로 발생할 수 있다.

다. 세부변동내역

보고 사유	변동일*	특정증권등의 종류	소유주식수(주)			취득/처분 단가(원)**	비 고
			변동전	증감	변동후		
장내 매수(+)	2022년 03월 17일	보통주	62,000	3,000	65,000	1,235	-
합계			62,000	3,000	65,000	1,235	-

그런데 보고사유가 '장내매수/매도'라면 민감하게 받아들여야 한다. 이는 임원이 장중에 본인이 직접 주식을 샀거나 팔아치운 것이다. 만약 이 두 가지 신호, 해당 공시 제출인이 등기임원이며, 공시를 제출하면서까지 장내매수라는 방법으로 주식을 사들였다면 눈여겨볼 만하다. 반대로 장내 매도했다면 해당 종목이 너무 고평가되어 있지는 않은지 의심해야 한다.

다만 상장기업의 임원 정도 되면 소득수준이 꽤 상위그룹에 속하기 때문에 매입규모가 어느 정도 나와줘야 유의미하다. '다. 세부변동내역'에는 주식 변동수량뿐만 아니라 '취득/처분단가'도 나와 있다. 이를 곱하면 얼마를 사고 팔았는지가 나온다. 바로 위의 예시는 코스닥 기업의 등기임원이 낸 공시 중 일부이다. 그런데 주식 취득수량과 단가를 곱해보니 400만 원이 채 안 되는 금액을 매수했다. 매입규모를 보았을 때 아주 매력적인 상황은 아니다.

추가하자면 임원 한 명이 샀을 때보다, 짧은 기간에 여러 명의 임원이 사들였을 때가 더 확실하다. 그리고 임원보다 더 직접적인 의사결정권을 가진 대표이사가 주식을 매수했다면 오히려 큰 의미가 없을 수 있다. 투자 수익보다는 대표이사로서 상징적인 의미로서 주식을 사는 경우가 많다.

주식등의대량보유상황보고서

– 첫 페이지의 표지다. 공시 전체 내용이 잘 요약되어 있다. '보고구분'과 '보고사유' '보유목적'이 핵심이다.

제1부 보고의 개요

[1. 발행회사에 관한 사항]
: 주식을 발행한 기업의 회사코드와 주식수등 매우 간략한 내용을 담고 있다.

[2. 대량보유자에 관한 사항]
: 공시를 제출한 주주의 상세 프로필과 특별관계인에 대한 정보까지 기재되어 있다.

[3. 보유주식등의 수 및 보유비율]
: 직전 보고 당시와 대비하여 주식보유내역이 얼마나 변동했는지 나와 있다.

[4. 보유목적]

: 투자 목적에 대해 더 자세히 밝힌 부분이다.

[5. 변동(변경)사유]

: 보유상황에 변화가 발생한 이유와 변화가 어떤 방식으로 이루어졌는지에 대한 내용이다.

제2부 대량보유내역

[1. 보고자 및 특별관계자별 보유내역]

: 이 보고서 이름을 보면 주식이 아니라 주식'등'이다. 일반적인 주식뿐만 아니라 주식연계채권 등 여러 가지 형태로 보유한 잠재적 주식들의 보유내역까지 공개하고 있다. 특별관계인의 보유 내역도 함께 공개하고 있다.

[2. 보유주식 등에 관한 계약]

: 보유한 주식을 담보로 돈을 빌리거나 하는 계약 사항에 대한 내용이다. 참고로 주가가 하락하여 담보가치 밑으로 떨어지면 반대매매가 쏟아진다. 반대매매는 하한가 매도로 주가가 크게 빠질 수 있다.

[3. 자기계정 및 고객계정별 보유내역]

: 보고자 또는 특별관계자가 금융기관이 아니라면 공란이다. 회사계정과 고객계정을 분리하여 보유내역을 공개하고 있다.

제3부 직전보고일 이후 대량변동 내역

[1. 변동내역 총괄표]

: 제2부의 보고자 및 특별관계자별 보유내역과 비슷한 내용이다. 주식 등의 보유내역이 어떻게 변동했는지 나와 있다.

[2. 세부변동내역]

: 날짜별로 변동 주식수와 매입/처분단가까지 구체적으로 나와 있다. 위와 겹치는 내용이 많다. 더 자세한 내용이 있는 해당 파트가 더 중요하다.

① 기관투자 종목을 발굴할 목적이라면 표지가 가장 중요하다. 대부분의 힌트가 표지에 잘 요약되어 있다. 세 가지 항목이 모두 충족되는지 빠르게 확인한다. '보고구분'은 신규보고, '보유목적'은 단순투자, 그리고 '보고사유'는 장내매수다. 모두 해당된다면 다음 단계로 넘어간다.

② [2. 세부변동내역]에서 '변동일'과 '변동내역', 그리고 '취득/처분단가'를 통해 해당 공시 제출인의 매집단가를 확인한다. 공시 제출인이 대규모 자금을 운용하는 기관이라면 상당히 장기적인 관점으로 투자를 선택했을 것이다. 따라서 이를 충족하는 여러 종목들을 모아 관심종목에 담아두고, 기관이 이 종목을 투자한 이유가 무엇인지 분석해본다. 투자할 만하다고 판단된다면, 가급적 여기서 찾은 매집단가 밑에서 잡도록 한다.

임원·주요주주특정증권등소유상황보고서

[임원·주요주주특정증권등소유상황보고서]
: 5%룰 공시와는 달리, 표지에는 별다른 정보가 없다.

[1. 발행회사에 관한 사항]
: 주식을 발행한 회사에 대한 정보다. 회사코드와 주식수 등 매우 간략한 내용이다.

[2. 보고자에 관한 사항]
: 공시를 제출한 주주의 프로필이다. 이 중에서 중요한 부분은 '임원(등기여부)'이다. 등기임원 혹은 비등기임원, 둘 중 하나로 기재되어 있다.

[3. 특정증권등의 소유상황]
: 직전 보고 대비 변동사항과, 어떤 종류의 주식을 보유했는지 보고하고 있다. 중요한 부분은 '다. 세부변동내역'이다. 보고사유와 취득/처분단가 등의 정보가 있다.

① 공시 제출인이 등기임원인지 확인한다. [2. 보고자에 관한 사항]의 '임원(등기여부)'에 나와 있다. 비등기임원이 많은 지분을 사들이는 것 역시 의미 있는 상황일 수 있다. 하지만 등기임원이 더 중요하다.

② 해당 임원의 보유 주식이 어떻게 변동했는지 [3. 특정증권등의 소유상황]을 살펴본다. 지분이 변동되는 이유는 다양하다. 앞서 다룬 유·무상증자나 주식연계채권의 전환권 행사 등으로 보유 주식이 늘어날 수도 있고 새롭게 임원에 취임하여 공시 제출의무가 발생했을 수 있다. 하지만 투자자 입장에서는 장내 매도·매수 여부를 파악하는 것이 가장 중요하다. '다. 세부변동내역'의 보고사유에서 '장내매수'를 통해 대량의 주식을 사들였다면 긍정적인 신호로 읽을 수 있으며 어떤 이유로 매수했을지 그 종목의 투자 포인트를 찾아보면 된다. 주식 매집 규모는 취득단가와 변동주식수를 곱해서 알 수 있다. 물론 임원이 대거 매도한 경우에는 주가 하락 시그널로 읽을 수 있다.

사례 덕성, 테마주에서 나온 임원 매도공시

2021년 11월 5일, 하루 동안 덕성에서 임원공시가 두 개나 나왔다. 이렇게 임원들이 동시에 지분공시를 제출했을 경우에는 더 눈여겨보아야 한다. 우선 [2. 보고자에 관한 사항]에서 해당 공시를 제출한 임원이 이사회에 참석하는 등기임원인지, 아니면 비등기임원인지부터 확인해보겠다.

2. 보고자에 관한 사항

발행회사와의 관계	임원(등기여부)	등기임원	직위명	전무
	선임일	2020년 03월 23일	퇴임일	-
	주요주주		-	

발행회사와의 관계	임원(등기여부)	비등기임원	직위명	상무
	선임일	2016년 03월 31일	퇴임일	-
	주요주주		-	

두 보고서의 [2. 보고자에 관한 사항] '발행회사와의 관계' 부분이다. 임원(등기여부)를 보면 한 명은 등기임원, 다른 한 명은 비등기임원이다. 등기임원은 이사회에 참여해 의결권을 행사하고 법적인 책임과 권한이 있는 만큼 더 중요한

정보를 제공하지만 비등기임원 역시 엄연히 회사 내 요직에 있어 중요한 투자 포인트를 제공한다. 과연 보고사유는 무엇인지, 그리고 얼마나 사고팔았는지를 [3. 특정증권 등의 소유상황]에서 확인한다.

가. 소유 특정증권 등의 수 및 소유비율

	보고서 작성 기준일	특정증권등		주권	
		특정증권등의 수(주)	비율(%)	주식수(주)	비율(%)
직전보고서	2009년 03월 02일	6,069	0.04	6,069	0.04
이번보고서	2021년 11월 05일	0	0.00	0	0.00
증감		-6,069	-0.04	-6,069	-0.04

다. 세부변동내역

보고 사유	변동일*	특정증권등의 종류	소유주식수(주)			취득/처분 단가(원)**	비고
			변동전	증감	변동후		
장내 매도(-)	2021년 11월 05일	보통주	6,069	-6,069	0	24,162	-
합계			6,069	-6,069	0	24,162	-

위는 등기임원이 제출한 보고서의 '다. 세부변동내역'이다. 보유한 물량 전체를 장내에서 매도했다. 비등기 임원도 마찬가지로 전량 장내 매도였다. 투자자 입장에서 상당히 안 좋은 시그널이다. 주가에 대한 회사 내부 분위기가 부정적일 때 내부자의 매도가 나온다. 같은 날이기 때문에 처분단가는 둘 모두

24,000원 즈음으로 비슷했다. 등기임원은 약 1억 원, 비등기임원은 약 1천만 원의 매도가 이루어졌다. 임원 매도 금액의 절대적인 규모가 크지 않더라도 전량매도라는 점은 특히 부정적 의미가 강하다. 부분적인 차익 실현이 아니라 향후 주가 흐름에 대해 구조적인 우려를 가졌을 가능성이 높기 때문이다.

관련 이슈 발생일과 주가 추이

	날짜	이슈	주가(종가)
A	2020.01.17	여론조사 첫 편입(갤럽)	3,070
B	2021.06.29	대선출마 선언	24,300
C	2021.11.05	대선후보 당내 경선 당선	23,600
		임원·주요주주 특정 증권 등 소유상황보고서	

주식시장에서 이 종목에 얽힌 스토리를 보자면 덕성은 당시 한 대선후보의 정치테마주로 움직이던 종목이다. 정치테마주는 기업의 실적과 전혀 무관하게 특정 정치인의 지지율과 이슈에 연동되어 움직이는 종목들을 말한다. 과거 17대 대통령 선거 과정에서 한반도 대운하 수혜주로 구성된 몇몇 이명박 테마주가 수천 퍼센트 급등락한 것을 기점으로 이후 여러 정치인과 엮인 정치테마주들이 국내 증시에서 본격적으로 나타나기 시작했다.

정치테마주에서 대형 선거는 가장 중요한 재료로 작용한다. 특히나 선거 날짜는 사전에 정해져 있어 관심이 쏠리는 시기를 미리 예측할 수 있다. 이로 인해 최근에는 선거를 한참 앞둔 시점부터 당선 기대감이나 지지율 상승에 대한 기대감으로 주가가 상승하고, 선거 분위기가 달아오르는 시점부터 침체하는 패턴이 반복되고 있다. 긍정적인 이벤트가 발생할 것으로 예상되는 경우 주가에 재료가 선반영되어 먼저 상승하다가 예상되는 그 이벤트가 터지면 미리 들어온 차익실현 물량이 쏟아지며 주가가 오히려 빠지는 것이다.

앞서 Chapter 06에서 다룬 주식연계채권의 바른손이앤에이 사례에서도 이와 유사한 주가 흐름이 나타난 바 있다. 회사가 투자에 참여한 영화가 개봉되기 두 달 전부터 주가가 꾸준히 상승하다가 예정된 개봉일 직후 폭락했다. 이러한 '재료 선반영에 따른 주가 상승'과 '재료 소멸로 인한 주가 하락'의 과정이 한 번 일어나 일시적으로 급등락하는 경우도 있지만 여러 차례의 재료 생성과 소멸을 거치며 장기간의 상승장을 이어가는 경우도 많다.

덕성은 관련주에 편입되기 전까지만 하더라도 3,000원 대에서 주가가 형성되어왔다. 하지만 관련된 후보의 여론조사 집계 이후 관련주로 주목받기 시작한

후 장기 상승곡선을 이어갔다. 지지율 상승 및 순위 변동, 대선 출마, 경선 등 추가적인 재료가 지속적으로 형성되며 고작 1년 만에 최고가 기준으로 10배 넘게 급등한 것이다.

이러한 정치테마주는 기업 외부 변수로 주가가 크게 오르내리기 때문에 전통적인 가치평가나 실적보다는 내부자의 판단이 훨씬 더 중요한 힌트로 작용한다. 특히 주가가 오를대로 올라 과열된 시점에서 내부자들의 매도는 가뜩이나 불안정한 투자심리에 찬물을 끼얹을 수 있다.

임원들은 결국 2021년 11월 5일 가진 주식을 모두 팔았고 관련 공시를 제출했다. 공교롭게도 이날은 당시 야당의 당내 경선 최종결과 발표가 있던 날로 대선 본선에 매우 임박한 시점이었다. 시기상 재료소멸 가능성이 매우 높았을 뿐만 아니라 차트상 주가 저항선으로 작용하는 전고점에 근방에 도달했다. 임원들이 이러한 테마주 시장의 특성을 염두에 둔 것인지는 알 수 없지만 탁월한 매도 타이밍이었다. 현재까지 이어진 주가 상황으로 볼 때 당시 임원들이 낸 매도 공시는 향후 하락장에 대한 마지막 경고 메시지였다.

단일판매·공급계약 체결 공시는 기업이 일정 규모의 수주에 성공하거나 매출을 올렸을 때 나오는 공시로 매우 간단한 편에 속한다. 체결된 계약의 규모와 어떤 업체와 거래했는지 정도만 확인하면 끝이다.

Chapter 08

단일판매 · 공급계약

관건은 '매출액 대비(%)'와 '계약기간'

단일판매·공급계약 체결 공시는 기업이 일정 규모의 수주에 성공하거나 매출을 올렸을 때 나오는 공시로 매우 간단한 편에 속한다. 체결된 계약의 규모와 어떤 업체와 거래했는지 정도만 확인하면 끝이다. 그렇다면 어느 정도 규모의 계약이 나와야 주가를 끌어올릴 수 있을까?

> 1,000억대 프로젝트 수주 … 시장 확대로 성장세 지속 전망

계약이 체결되었다는 기사의 헤드라인을 보면 상당히 자극적이다. 기사 속 낙관적인 전망치와 억 단위의 계약금은 해당 기업을 실적이 뒷받침된 알짜배기 종목으로 보이게끔 한다.

하지만 계약금 자체는 상대적인 개념이다. 같은 금액의 수주를 따냈을지라도 어떤 기업에겐 겨우 입에 풀칠할 정도의 자그마한 한 건일 수 있지만, 다른 작은 기업에게는 이제까지 부진을 씻어내는 통쾌한 한 방일 수 있다. 즉 단순한 계약 금액이 아니라 그 회사의 매출액 대비 몇 퍼센트를 차지하는 계약인지에 주목해야 한다.

번거롭게 사업보고서에서 매출액을 찾아 퍼센트를 계산할 필요는 없다. 공시의 [2. 계약내역] 중 '매출액 대비(%)'에서 계산되어 있다. 참고로 계산에 활용된 매출액은 일반적으로 직전 해의 연결재무제표상 매출액이다. 이 항목이 5%라면 이 정도 계약을 1년에 20번, 한 분기에 5번은 따내야 작년 실적을 유지하는구나 하고 짐작해볼 수 있다.

2. 계약내역	계약금액 총액(원)	1,510,000,000
	최근 매출액(원)	30,770,552,257
	매출액 대비(%)	4.9%

경험적으로 미루어볼 때 매출액 대비 두 자릿수 정도만 되어도 꽤 큰 계약이다. 그런데 한 해 매출액에 근접한 대규모 계약도 종종 등장한다. 매출액 대비 100%짜리 계약이라면, 이번에 체결한 단 한 건의 계약만으로 작년 전체 매

출을 다 벌어들인 것이다. 이 정도의 규모라면 주가가 오르지 않는 게 더 이상해 보인다. 하지만 여기에는 함정이 숨겨져 있을 수 있다. 계약 규모가 크다 싶으면 바로 공시에서 [6. 계약기간]을 확인해야 한다.

6. 계약기간	시작일	2022-02-05
	종료일	2031-04-06

대규모 계약이 한 해 매출에 고스란히 찍힌다면 대형 호재가 아닐 수 없다. 하지만 10년에 걸친 장기계약이라면 얘기가 다르다. 올해 손익계산서에는 해당 계약이 10년에 걸쳐 분산되어 반영되기 때문이다. 그래서 기사 헤드라인의 표면적인 계약금액으로 주가가 갑자기 과열되었다가 금방 제자리로 돌아오는 경우가 흔하다. 또한 기간이 긴 만큼 나중에 가서 계약 사항이 어떻게 바뀔지 역시 모를 일이다.

이를 반대로 이야기하면, 계약 규모가 아주 크지는 않더라도 계약기간이 몇 달 단위로 짧다면 호재로 작용할 수 있다는 뜻이기도 하다. 따라서 '매출액 대비(%)'가 크다면 '계약 기간'이 너무 긴 것은 아닌지 의심해야 하고, 반대로 규모가 크지 않더라도 기간이 짧지는 않은가 검토해야 한다. 이 두 가지가 공급계약의 핵심이다.

누구와 거래했나?

다트 전자공시 사이트에 공급계약을 검색해보면 타 공시들에 비해 유난히 [기재정정] 딱지가 많이 붙어 있는 것을 확인할 수 있다. 과거에 제출했던 공시에 변경사항이 있어 다시 공시를 제출했을 때 이렇게 기재정정 딱지가 붙는다. 계약조건이 더 좋아졌다면 더할 나위 없겠지만 아닌 경우가 더 많다. 만약 공급계약으로 주가가 올랐는데 추후 규모가 축소된 기재정정 공시가 올라온다면 주가에는 악재로 작용할 가능성이 크다.

이러한 부분에서 거래 상대방이 중요하다. 과거부터 반복적으로 계약을 맺어온 업체거나 누구나 알 만한 신뢰감 있는 업체일수록 갑작스레 계약 사항이 변경될 확률이 낮다. 공시에서 [3. 계약상대방]을 보면 누구와 거래했는지 알 수 있다.

거래한 업체의 매출액, 업종 등 자세한 정보가 나올 때도 있지만, 업체명 정도의 간략한 정보만 나오는 경우도 많다. 이때는 다트 통합검색을 활용해야 한다. 이 회사가 과거에 제출한 공시, 혹은 다른 회사들의 공시에서 이 회사가 언급된 적이 있는지를 알 수 있다. 이를 통해 해당 업체에 대한 정보를 추가적으로 얻을 수 있다. 만약 들어본 적도 없는 해외업체에 다트 통합검색에서도 나오지 않는다면 구글링을 통해서라도 회사를 검색해보는 것이 안전하다. 이 부분은 최대한 정보를 취합하고 알 수 없다면 경계하는 수밖에 없다.

그래도 기재정정이면 다행이다. 단일판매·공급계약 해지 공시도 심심찮게 등장한다. 상대방의 불이행 혹은 법적 문제 등으로 계약이 아예 없던 일이 되어버리는 것이다. 그런데 재밌는 점이 있다. 여러 회사가 제출한 공급계약 공시들을 쭉 살펴보면 '매출액 대비(%)' 두 자릿수 정도의 큼지막한 계약을 보기가 참 쉽지 않다. 설령 있다고 하더라도 계약기간이 장기인 경우가 대부분이다. 그런데 해지된 계약체결 공시를 보면, 과거 투자자들이 크게 반겼을 만한 대규모 계약이 꽤나 자주 등장한다.

물론 기업 입장에서도 일방적인 계약 해지를 당했다면 억울하겠지만 투자자들도 항상 주의하고 의심해야 한다. 어찌 되었든 공시는 회사가 제출한 자료이며 실적이 부풀려질 여지는 존재한다. 이로 인해 거래상대방에 대한 정보를 얻는 것이 중요하다. 해당 기업뿐 아니라 다른 기업들과도 여러 차례 계약을 맺어오고 이를 성실히 이행해온 기업과 거래를 맺었다면 갑작스런 계약 해지 공시가 나올 확률이 크게 줄어들기 때문이다.

또한 계약 성사 기대감으로 주가가 상승한 경우라면 공급계약 공시가 제출되었을 때 신규 진입에 주의를 기울여야 한다. 호재를 미리 예상하고 매집해온 주체가 대형 계약으로 거래량이 폭발적으로 늘어난 이 시점을 차익실현의 기회로 삼을 수 있기 때문이다. 이로 인해 대형 공급계약 공시가 제출된 날에는 최고가보다 낮은 종가의 긴 윗꼬리 주가 패턴이 자주 발견된다.

DART 미리보기

🛢 단일판매·공급계약 체결

[1. 판매·공급계약 내용]
: 어떤 계약을 맺었는지에 대한 대략적인 정보를 제공한다.

[2. 계약내역]
: 이번에 계약한 금액이 최근 매출액과 비교하여 어느 정도 규모인지 '매출액 대비(%)'를 통해 기재되어 있으므로 가장 먼저 확인할 부분이다.

[3. 계약상대방]
: 거래를 한 상대방에 대한 정보이다. 상대방 기업의 매출액부터 업종, 지난 3년간 비슷한 계약을 한 경험이 있는지 등 정보를 제공하는 경우도 있으나, 해외업체와 체결한 경우 내용이 부실할 수도 있다.

[4. 판매·공급지역]

: 서비스를 제공받는 곳의 국적이나 주소지 등 대략적인 정보를 제공한다.

[5. 계약기간]

: 공급하기로 한 기간이다. 규모를 결정짓는 변수이기 때문에 중요하다. 이 기간이 길수록 여러 해의 매출에 분산·반영되므로 좋지 않다.

[6. 주요 계약조건]

: 계약조건에 대한 내용이 있어야 하나 보안을 이유로 기재를 생략하는 경우가 많다. 또는 해당란을 비워두고 [10. 기타 투자판단과 관련한 중요사항]에 관련 내용이 담긴 경우도 있으니 참고하자.

[7. 판매·공급방식]

: 직접 생산을 하는지, 외주를 맡기는지 등, 생산방식에 대해 해당/미해당으로 표기하고 있다.

[9. 공시유보 관련내용]

: 신고한 내용 중 근거가 미약하거나 법규를 위반한 사항이 있을 경우 공시 발표를 미룰 수 있다. 유보하게 될 경우 그 사유와 기한에 대해 기재하는 항목이다. 공란인 경우가 많다.

[10. 기타 투자판단과 관련한 중요사항]

: 수출 기업의 경우 계약금액을 산정한 환율을 표기하거나, 공시 내용이 달라질 수 있는 한도, 계약 사항 등 구체적인 내용이 기재되어 있다.

① 계약 규모가 매출액 대비 얼마나 되는지 확인한다. [2. 계약내역]의 '매출액대비(%)'에 계산되어 있다. 이 퍼센트값이 클수록 좋은 계약이다.

② 매출액대비(%)가 크다면 [5. 계약기간]을 통해 너무 여러 해에 걸쳐 매출에 반영되는 것은 아닌지 의심해본다. 또한 매출액대비(%)가 작다면 단기간에 매출이 찍히는 계약이 아닌지도 체크한다. 업종마다 특성이 매우 상이하다. 기간이 짧게는 한두 달도 있지만, 건설이나 조선업의 경우에는 10년이 넘어가는 장기 계약이 많은 편이다.

③ 마지막으로 계약 상대방을 확인하면 된다. 과거부터 정기적으로 계약을 체결해온 기업이라면 신뢰도가 높다. 아니라면 계약 상대방에 대해 알아보아야 한다. 구글링 또는 다트 통합검색을 활용하여 계약 상대방이 다른 공시에서 언급된 적이 있는지 확인한다. 그러나 국가 이외에 어떠한 정보도 찾기 힘들 때도 있다. 이러면 어쩔 수 없다. 나중에 수정공시로 계약이 안 좋은 방향으로 바뀌거나 아예 해지공시가 뜨지는 않는지 주의해야 한다.

사례 **거래정지급 대형계약을 체결한 영화테크**

    2022년 2월 7일, 영화테크가 단일판매·공급계약을 공시하면서 30분간 거래가 정지되었다. 코스닥 규정상 체결된 계약의 규모가 최근 사업연도 연 매출액을 뛰어넘는 경우, 공시 이후 30분 동안 거래가 정지된다. 대규모 계약으로 주가가 단기간에 급등락하여 생길 수 있는 피해를 줄이기 위함이다. 과연 이 계약 이후의 주가는 어떠했나 살펴보겠다.

○ 단일판매·공급계약체결

1. 판매·공급계약 구분		GM BDU(Battery Distribution Unit)공급계약 체결
2. 계약내역	조건부 계약여부	미해당
	확정 계약금액(원)	52,301,670,062
	조건부 계약금액(원)	-
	계약금액 총액(원)	52,301,670,062
	최근 매출액(원)	35,047,404,330
	매출액 대비(%)	149.2
3. 계약상대방		General Motors LLC
	– 최근 매출액(원)	-
	– 주요사업	자동차 제조, 판매
	– 회사와의 관계	-

– 회사와 최근 3년간 동종계약 이행여부		해당
4. 판매·공급지역		미국, 캐나다, 멕시코
5. 계약기간	시작일	2022-02-05
	종료일	2030-04-06
6. 주요 계약조건		-
7. 판매·공급방식	자체생산	해당
	외주생산	미해당
	기타	멕시코 현지 법인설립, 생산 공급예정
8. 계약(수주)일자		2022-02-05
9. 공시유보 관련내용	유보기한	-
	유보사유	-
10. 기타 투자판단에 참고할 사항		

'매출액대비(%)'를 가장 먼저 체크해야 한다. 149.2%면 이번 한 건으로 작년 한 해의 매출액을 훌쩍 넘게 벌어들인 것이다. 일단 계약 규모 자체는 매우 크다. 하지만 이번 계약이 실적에 얼마나 반영되는지가 관건이다. [5. 계약기간]은 2022년 2월부터 2030년 4월까지, 8년 2개월이다. 올해 매출액에는 전년 매출액 대비 약 18%의 금액이 찍히는 것이다. 18%도 매우 큰 수준이기는 하나 처음 봤던 149%를 생각하면 살짝 아쉬운 기간이다. 그다음 [3. 계약상대방]에는 제너럴모터스와의 계약으로 나와 있다. 미국의 유명 자동차 제조사로 우선 계약상대방에 대한 정보를 찾는 수고는 덜었다.

공급계약 공시 제출 직후 영화테크 주가 추이 (1분봉)

　공급계약 공시가 제출된 이날 영화테크의 분봉 차트를 보면 고가기준 21,550원으로 16.8%나 상승했다. GM이라는 글로벌 대기업과 맺은 매출액 대비 148%짜리 대형계약이었기에 주가는 순식간에 올라갔다. 하지만 8년의 장기계약으로 실적 개선효과가 표면적인 계약금에 비해 아쉬운 수준이었다. 결국 이 가격대는 오래 유지될 수 없었고 종가 19,000원으로 2.98% 상승에 만족해야 했다.

　만약 이날 거래가 가능해진 이후 진입했다면 두 자릿수 퍼센트의 손실을 기록할 수도 있었다. 규모와 거래 상대방을 감안했을 때 매수 유혹이 강했을 것으로 보인다. 하지만 이렇게 규모가 크고 기간이 장기인 계약인 경우 위와 같은 용두사미 주가패턴이 자주 발견되므로 신규 진입에 주의해야 한다.

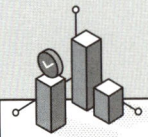

배당에 대한 자격을 받으려면 왠지 오랜 기간 이 회사에 투자하고 기여한 주주가 되어야 할 것만 같다. 하지만 배당을 받는 조건은 생각보다 간단하다. '특정 날짜'에 주식을 보유하고 있으면 된다.

Chapter 09

배당

딱 하루만 투자해도 배당금을 받을 수 있다

배당이란 기업이 일정 기간 동안 벌어들인 이익의 일부를 주주들과 나누는 것을 말한다. 보유한 주식 1주당 얼마가 책정되어 현금으로 지급받는다. 이를 현금 배당이라고 하며 많은 금액을 투자한 사람일수록 두둑한 배당금을 받는다.

현금 대신 주식으로 받는 경우도 있는데, 주식배당이라고 한다. 하지만 주식배당은 사실 별 효과가 없다. 주식을 새로 찍어서 주기 때문에 배당을 주는 만큼 주가도 하향조정되기 때문이다. 배당을 받았다고는 하지만 실제로 내 주머니 사정에 변화는 없다.

이렇게 배당에 대한 자격을 받으려면 왠지 오랜 기간 이 회사에 투자하고 기여한 주주가 되어야 할 것만 같다. 하지만 배당을 받는 조건은 생각보다 간단하다. '특정 날짜'에 주식을 보유하기만 하면 10년을 투자한 사람과 똑같은 조건으로 배당을 받을 수 있다. 이 날짜가 [6. 배당기준일]이다.

이날까지 주식을 '보유'하고 있어야 한다. 이날까지 사면 되는 것이 아니다. 이는 주식시장의 결제제도 때문에 생긴 오차이다. 우리가 주식을 매수하면 그 순간부터 수익률이 찍히지만, 실제로 보유하게 되는 시기는 주식을 매수한 날로부터 2영업일 후이다. 주식을 팔아도 당일에 매매대금을 인출할 수 없고 2영업일을 기다려야 하는 것도 이 때문이다.

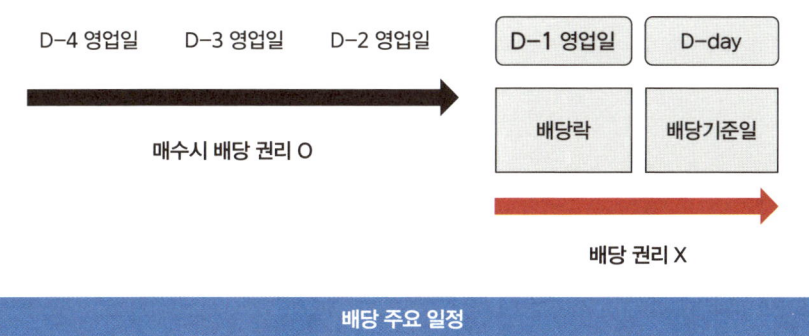

배당 주요 일정

배당기준일이 12월 31일이라면 언제까지 주식을 사야 배당을 받을 수 있을까? 12월 31일은 연말 휴장일이므로 주식시장이 열리지 않는다. 따라서 12월 30일까지 주식을 보유한 상태여야 한다. 그러면 아무리 늦어도 30일로부터 2영업일 전인 12월 28일에는 매수를 완료지어야 배당을 받을 수 있다.

즉 12월 29일에는 아무리 많은 주식을 사더라도 올해 배당에 대한 권리를 받을 수 없다. 이를 배당락이 발생했다고 한다(앞서 유·무상증자에서 다룬 권리락과 비슷하다). 어제까지만 해도 주식을 매수했다면 배당금을 받을 수 있었다. 하지만 배당락이 발생한 오늘부터는 주식을 사도 올해 배당을 받을 수 없다. 이 말은 주식의 가치가 배당금만큼 낮아졌다고 볼 수 있다. 또한 오직 배당이 목적인 투자자라면 이제 그 주식을 들고 있을 이유가 없다. 그래서 배당락 당일에는 주가가 떨어지는 경향이 있다.

하루만 투자해도 배당금을 받을 수 있기는 하다. 그러나 배당률이 높은 종목일수록 배당락 당일 시장의 수급에 따라 주가가 더 크게 빠지곤 한다. 배당금만큼 매도할 때 손실이 발생할 가능성이 크므로 이를 감안하여 판단해야 한다.

DART 미리보기

현금 현물배당 결정

[1. 배당구분]
: 결산, 중간, 분기배당 등으로 표기되어 있을 것이다. 이는 연간, 반기, 분기 등 배당의 기간에 따른 분류이다.

[2. 배당종류]
: 배당으로 무엇을 지급하는가를 말한다. 현금을 지급하면 현금배당, 주식으로 지급하면 주식배당이다.

[3. 1주당 배당금]
: 보유한 주식 1주당 받을 수 있는 금액으로, 보유한 주식수에 곱하면 받을 수 있는 배당금의 액수를 알 수 있다. 바로 아래의 시가배당률보다 1주당 배당금이 더 정확한 정보이다.

[4. 시가배당률]

: 주가 대비 1주당 배당금의 비율이다. 그런데 주가는 매순간 변하므로 시가배당률도 당일 주가에 따라 계속 바뀐다. 그래서 타기업의 배당률과 비교하는 정도로만 활용된다.

[5. 배당금 총액]

: 이번 배당으로 회사가 지급하는 총 금액이다.

[6. 배당 기준일]

: 배당을 받으려면 늦어도 이날로부터 2영업일 전까지는 매수해야 하며 1영업일 전에는 배당락이 발생한다.

[7. 배당금지급 예정일자]

: 공란인 경우가 많다. 이럴 때는 주주총회 개최 후 1달 안에 지급하겠다고 [11. 기타 투자판단과 관련한 중요사항]에 기재하는 경우가 있다.

[11. 기타 투자판단과 관련한 중요사항]

: 시가배당률을 산출한 기준주가나 배당금 지급 날짜나 위 공시 중 공란인 부분에 대한 설명이 기재되어 있다.

① 배당시즌이 되면 배당을 줄 것으로 예상되는 기업과 배당률에 대한 기사들이 많이 나온다. 이를 참고하여 배당주를 선정하고 늦어도 배당기준일 2영

업일 전까지는 매수해야 한다. 참고로 주가가 떨어질수록 시가배당률이 상승한다. 그래서 주가 하락기에는 고배당주의 가치가 비교적 높아지며 배당락이 발생하기 전까지는 주가도 잘 버텨주는 경향이 있다.

② 하루만 투자해도 배당을 받을 수는 있으나 주식 매도시 손실 폭이 더 클 수 있다. 배당락이 발생하면 수급에 따라 주가가 배당률과 비슷하게 하락하므로 이를 고려해야 한다. 배당금 자체를 노리기보다는 우선 투자수익을 내고 부수적으로 배당도 받아가는 전략이 더 효과적이다.

사례 최대주주와 일반주주에게
배당금을 다르게 지급한 교보증권

금융사는 전통적으로 배당이 꾸준한 업종으로 통한다. 특히 2021년 증시 호황으로 많은 증권사들이 역대 최대실적을 기록했기에 배당에 대한 기대를 가지기에 충분했다. 2022년 2월 8일, 교보증권은 배당 공시를 발표했다. 교보증권도 거의 매해 배당을 지급하는 기업 중 하나다. 2015년 이후 한 해도 빠짐없이 2월 즈음 배당공시가 올라왔다.

○ 현금·현물배당 결정

1. 배당구분		결산배당
2. 배당종류		현금배당
- 현물자산의 상세내역		-
3. 1주당 배당금(원)	보통주식	500
	종류주식	-
- 차등배당 여부		해당
4. 시가배당률(%)	보통주식	5.71
	종류주식	-
5. 배당금총액(원)		12,884,341,400
6. 배당기준일		2021-12-31
7. 배당금지급 예정일자		-

8. 주주총회 개최여부		개최
9. 주주총회 예정일자		2022-03-23
10. 이사회결의일(결정일)		2022-02-08
- 사외이사 참석여부	참석(명)	3
	불참(명)	-
- 감사(사외이사가 아닌 감사위원) 참석여부		참석
11. 기타투자판단과 관련한 중요사항		

1) 차등배당 : 이사회에서 최대주주는 주당 100원, 기타주주는 주당 500원을 배당하는 차등배당을 결의하였으며, 상기 공시내용은 기타주주 기준으로 작성하였습니다.

2) 시가배당률은 주주명부폐쇄일 2매매거래일 전부터 과거 일주일간 유가증권시장에서 형성된 종가의 산술평균가격에 대한 1주당 배당금의 백분율입니다.

3) 배당금 지급예정일은 상법 제464조의 2 규정에 따라 주주총회일로부터 1개월 이내에 지급할 예정입니다.

(이하 생략)

[3. 1주당 배당금]은 500원이 책정되었다. 100주를 보유했다면 50,000원의 배당금을 받을 수 있다. [6. 배당기준일]은 2021년 12월 31일이었다. 연말 휴장일(31일)과 D+2일 결제제도를 감안했을 때, 2021년 12월 28일 전에 교보증권 주식을 매수했던 주주라면 배당에 대한 자격이 주어진다. 그리고 [9. 주주총회 예정일자]가 2022년 3월 22일이므로 4월 22일 전에는 배당금이 들어올 것이라 예상할 수 있다.

오직 배당금만을 목적으로 하루 동안 교보증권의 주주가 되었다고 가정해보겠다. 2021년 12월 28일의 종가는 8,900원, 배당락이 발생한 다음 날 12월 29일의 종가는 8,380원이다. 주당 배당금은 500원인데 이날 매매로 주당 520원을 잃었다.

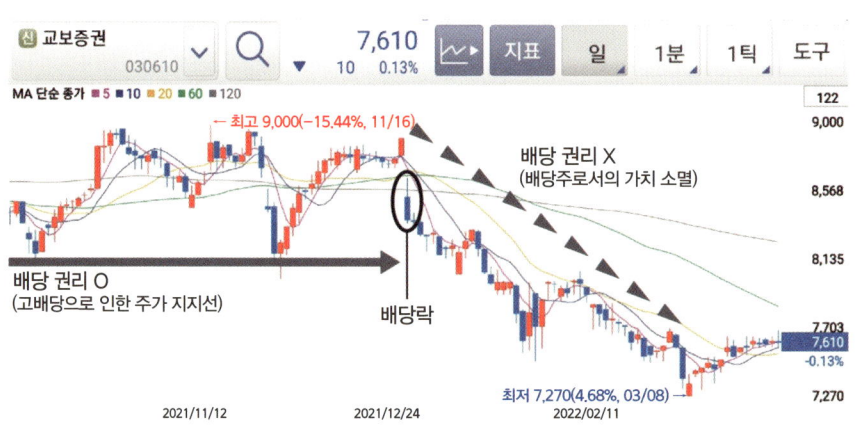

교보증권 배당락 전후 주가 추이

아무래도 국내 주식 투자자라면 연말이 되어서야 배당에 관심이 가기 쉽다. 또한 배당은 1주당 얼마로 고정이 되어 있기 때문에, 주가가 떨어지면 시가배당률이 올라간다. 그래서 연말에는 고배당주의 가치가 높아지며, 주가가 쉽게 빠지지 않는 경향이 있다. 대신 배당락 이후에는 이 가격대를 유지하기가 힘들다.

이렇게 배당이 수단이 아니라 목적이 된다면, 배보다 배꼽이 더 큰 상황이 연출될 수 있다. 지속적인 배당을 하는 기업은 꾸준히 이익을 만들어낼 뿐만 아니라, 주주친화적 기업이라는 뜻이다. 이렇게 좋은 회사를 골라 연말에 가치가 올라가기 전에, 일찍 투자하고 보너스로 배당도 받는다는 개념으로 접근해야 수익을 극대화할 수 있다.

교보증권의 배당은 독특한 점이 하나 있었다. 2021년 배당부터 나타나기 시작한 특징인데, 바로 차등배당이다. 최대주주가 받는 배당금과 다른 주주들이 받는 배당금에 차등을 둔다는 것이다. [11. 기타 투자판단과 관련한 중요사항]을 보면 일반 주주들은 1주당 500원을 받지만, 최대주주는 1주당 100원을 받는다. 직전 해 배당에서 일반 주주는 450원, 최대주주는 300원이 책정되었던 것에 비교하여 차등의 정도도 더 증가했다. 또한 2023년 배당부터는 아예 최대주주가 배당을 받지 않고 있다.

배당정책은 주주친화적 의사결정이지만 현금흐름의 유출이기도 하다. 배당에 사용된 재원만큼 미래의 신규 투자가 감소할 수 있다. 그래서 빠르게 성장하기 시작하는 기업보다는 안정기에 접어들어 성장세가 낮은 기업들의 배당성향이 높다. 간혹 외국인 주주의 비중이 높은 기업이 배당률을 높여 기업의 미래 성장성과 맞바꾸는 사례들도 발견된다.

하지만 차등배당은 미래 성장동력 확보와 주주친화적 의사결정이라는 두 마리 토끼를 잡는 방식이 될 수 있다. 주식시장에서 기존 주주들보다 회사 경영진의 이익을 우선시하는 모습이 자주 목격되었기에 인상적인 배당 정책이었다.

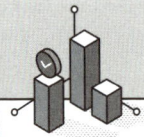

회사가 둘로 갈라지면 내가 보유한 주식은 어떻게 되는 걸까? 이는 분할의 방식이 인적분할인지, 물적분할인지에 따라 달라진다. 그리고 어떤 방식인지에 따라 분할의 목적이 더 분명하게 드러난다.

Chapter 10

분할

효율적 경영을 위한 분할

한 기업 안에는 여러 가지 사업부가 존재한다. 그리고 이들 간에는 격차가 존재하기 마련이다. 우수한 실적으로 회사를 이끌어가는 부서가 있다면 반대로 눈치가 보이는 부서도 있다. 이 격차가 점점 벌어질 때 기업 입장에서는 고민이 든다. 한쪽의 실적이 너무 떨어진다면 다른 사업부들이 힘들게 쌓은 성과를 갉아먹게 된다. 반대로 이 회사에 있기에 아까울 정도로 뛰어난 사업부가 빛을 발하지 못하는 상황도 마찬가지다.

분할을 통해 이러한 상황을 타개할 수 있다. 기존 회사에서 분할로 떨어져 나가는 부분을 신설회사(또는 종속회사), 남아 있는 회사를 존속회사라고 한다. 그동안 기업을 이끌어왔던 유망한 사업부를 신설회사로 떼어놓는다면, 이 사업부가 받던 저평가 요인이 해소된다. 더 이상은 힘들게 낸 성과가 다른 사업부의 손실로 상쇄될 일이 없다.

여러모로 부족했던 사업부가 신설회사로 분리될 수도 있다. 이는 앞으로 회사가 나아갈 방향성을 보여준다. 주로 분할하여 산하의 자회사로 내리는 방식이 활용된다. 회사가 주력으로 내세울 사업이 무엇인지, 그리고 뒤로 미룬 사업은 무엇인지를 알 수 있다. 이를 경영의 효율화를 목적으로 한 분할이라고 한다.

이렇게 경쟁력 강화를 목적으로 기업이 분할되는 경우 주력 사업부가 어느 회사로 이전되는지를 잘 확인해야 한다. 존속회사에 남는지, 아니면 신설회사로 떨어져 나가는지에 따라 각 회사의 향후 주가 전망이 달려 있다. 다만 주력 사업부가 신설회사로 나간다고 해서 무조건 이 신설회사의 주가가 오른다고 단정지을 수는 없다. 거래정지 기간 동안 주가에 이 기대치가 미리 반영되어 높은 시초가로 시장에 거래되기 때문이다. 이렇게 높은 주가로 시작될 경우, 연이어 좋은 실적이 터지는데도 주가가 계속 빠지는 상황이 연출될 수 있다.

일하는 회사와 관리만 하는 회사

회사가 분할하면 이전에 함께 공유하던 자산들을 나누어 가져야 한다. 자산에는 매출을 벌어다 주는 핵심 자산들이 있는데 이 자산들이 어디로 가는지가 중요하다. 당연히 분할되는 두 회사가 이를 두고 치열하게 경쟁할 것만 같다. 그런데 떨어져 나가는 신설(종속)회사에게 핵심 자산들을 순순히 넘겨주는 회사가 있다. 이를 지주회사라고 한다.

최대주주가 여러 기업을 운영하는 경우, 각 기업마다 경영권 확보에 들어가는 비용이 상당하다. 경영권이라도 안전하게 쥐고 있으면 그나마 다행이다. 막

대한 비용을 들이고도 지분율이 낮다면 최대주주의 고민은 깊어진다. 이를 해결하기 위해 꺼내드는 것이 지배구조 개선, 지주회사 체제를 목적으로 한 분할이다. 지주회사가 되면 최대주주는 산하의 여러 기업들을 효율적으로 지배할 수 있다.

다음에 자세히 다루겠지만 투자하던 회사가 분할의 방법 중 '인적'분할을 하게 되면, 쪼개진 두 회사에 분할 전과 동일한 지분을 각각 투자하는 형태가 된다. 분할 전 10%의 지분을 가지고 있었다면, 분할 이후에도 두 기업에 각각 10%의 지분을 보유한다.

이때 매출을 만드는 핵심자산들을 종속회사에 넘겨주고, 지주회사는 투자에 필요한 현금성 자산 위주로 챙긴다고 해보자. 이러면 두 기업 사이의 기업가치가 크게 벌어질 수밖에 없다. 핵심자산들을 물려받은 종속회사의 가치가 높아지고, 지주회사의 가치는 평가절하되는 것이다. 이렇게 되면 경영권 강화를 노리던 최대주주에게는 긍정적인 시나리오로 흘러간다.

이제 최대주주는 보유한 종속회사의 주식을 저평가된 지주회사의 주식으로 교환한다. 이를 현물출자라고 한다. 두 기업의 가치가 크게 벌어질수록 최대주주는 저평가된 지주회사의 주식을 더 많이 받을 수 있다. 이를 통해 최대주주는 돈 한 푼 들이지 않고 지주회사의 지분을 확대하고, 종속회사를 더 효율적으로 지배할 수 있게 된다. 간단한 예시를 통해 보겠다.

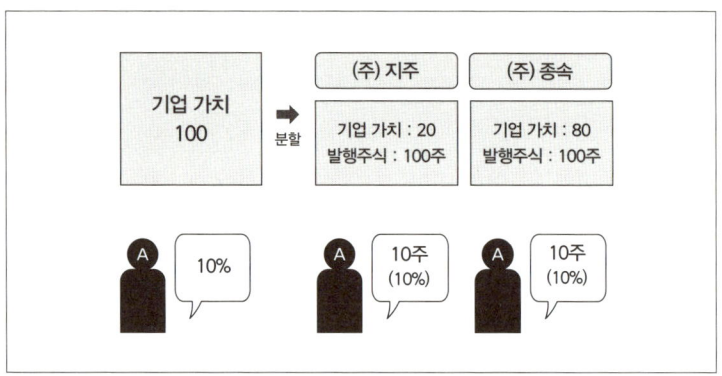

분할 전후 최대주주 지분

예를 들어 A가 지분율 10%로 최대주주 자리에 있다고 해보자. 이 회사는 지배구조 개선을 목적으로 ㈜지주와 ㈜종속으로 분할하여, 핵심 사업부를 ㈜종속에 몰아줬다. 그러다 보니 ㈜종속의 기업가치는 80으로 ㈜지주에 비해 4배나 더 높은 평가를 받게 되었다. 현재 최대주주인 A는 인적분할을 통해 두 회사 동일하게 10% 지분으로 각각 10주를 보유한 상태다.

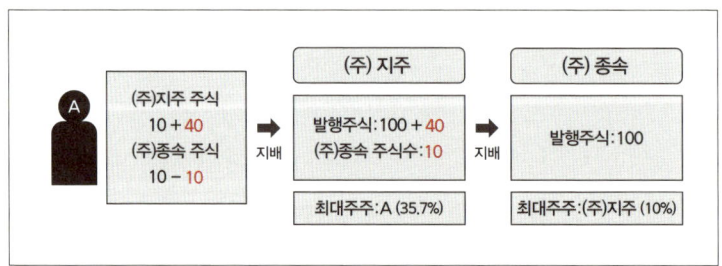

주식교환 이후 최대주주와 지분 변동

이제 A는 보유한 ㈜종속 주식 10주를 ㈜지주와 교환하기로 한다. ㈜종속의 기업가치가 ㈜지주보다 4배 더 높으므로, A는 ㈜지주 주식 40주를 받을 수 있다. 따라서 ㈜지주는 A에게 신주 40주를 발행하여 지급한다. 이로써 A의 ㈜지주에 대한 지분율은 35.7%(50÷140)로 크게 상승한다. 또한 ㈜지주는 A와 교환한 주식으로 인해 ㈜종속의 최대주주로 올라서게 된다.

이 과정에서 A가 지불한 돈은 한 푼도 없다. 하지만 지분율과 최대주주에 변화가 생겼다. 분할 전까지만 하더라도 A는 지분 10%에 그친 불안한 최대주주였다. 하지만 분할과 주식교환으로, A는 ㈜지주의 경영권을 보다 강하게 가져갔다. 물론 이제 A에게 ㈜종속의 지분이 없지만 문제는 없다. ㈜종속은 ㈜지주의 지배를 받고, ㈜지주의 최대주주가 A이기 때문이다.

종목명 끝에 '홀딩스' '지주'가 붙으면 지주회사다. 지주회사 자격을 유지하기 위해서는 여러 조건이 필요하다. 지주회사는 종속회사의 지분을 최소 30% 이상 보유해야 하며(비상장사의 경우 50%), 같은 계열관계가 아닌 다른 회사에 자유롭게 투자할 수 없다. 또한 지주회사는 부채를 활용하는 데도 제한이 있다. 지주회사가 흔들리면 종속회사들이 연쇄적으로 무너져내릴 수 있다.

하지만 최대주주 입장에서 손쉽게 여러 회사들을 지배할 수 있기 때문에 자주 활용된다. 심지어는 분할 전에 미리 자사주를 매입해두는 편법을 쓰기도 한다. 미리 사둔 자사주를 분할하면서 지주회사에 몰아주는 것이다. 이러면 사실상 두 회사의 돈으로 지주회사에 힘을 실어주는 모양새가 되고 지배력을 더 강하게 가져갈 수 있다. 국내 대기업들의 계열사 가계도 상당수가 이렇게 만들어진다.

분할방식에서 목적이 보인다, 인적분할

　　　　　　　　　　　🔴 회사가 둘로 갈라지면 내가 보유한 주식은 어떻게 되는 걸까? 이는 분할의 방식이 인적분할인지, 물적분할인지에 따라 달라진다. 그리고 어떤 방식인지에 따라 분할의 목적이 더 분명하게 드러난다.

　인적분할은 기존 회사를 전혀 다른 두 개의 상장사로 나눈다고 생각하면 쉽다. 다음 장에서 자세히 다루겠지만 물적분할의 경우 상하 관계가 뚜렷한 자회사와 모회사 형태로 회사가 쪼개지는 방식이다.

　인적분할을 통해 두 개 회사로 쪼개지면 이전 회사에서 공유하던 자산과 부채도 미리 정한 비율로 나누어 가진다. 기존 투자자들의 지분 역시 분할 전후로 똑같이 유지된다. 원래 회사 전체의 5% 지분을 가지고 있었다면 이제 신설회사와 지주회사 각각에서 5% 지분을 보유하게 된다. 즉, 회사는 둘로 나뉘지만 보유한 지분 가치는 그대로이며 투자자 입장에서는 큰 변화가 생기는 것은 아니다.

단, 지분가치는 동일하지만 각 주식의 투자금액은 분할 비율에 따라 달라진다. 기존 회사에 99만 원을 투자하고 있었는데 지주회사A와 종속회사B가 1:2의 비율로 분할되었다고 해보자. 그러면 A에는 33만 원, B에는 66만 원어치 주식을 들고 있게 된다.

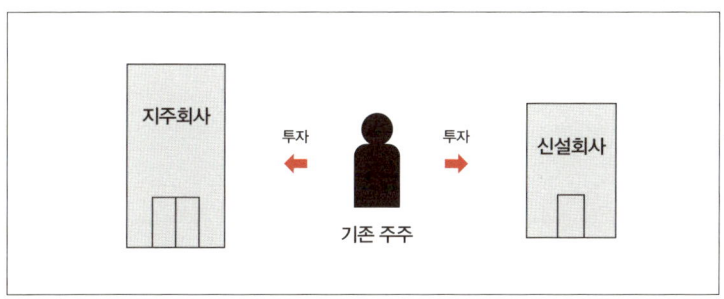

인적분할 후 기존 주주

전혀 다른 두 기업이 되는 것이라고 말했지만 이는 전적으로 투자자 관점에서의 이야기다. 인적분할은 지주회사 체제로 전환하여 산하의 자회사들에게 효율적으로 영향력을 행사할 목적으로 실시한다. 앞에서 다룬 것처럼 지주회사는 영업에 필요한 자산은 종속회사에 넘겨주고 매출과는 거리가 먼, 투자와 관리에 필요한 현금성 자산 위주로 챙긴다. 그래서 인적분할을 하게 되면 미래 기업의 성장성 측면에서는 지주회사보다는 종속회사가 더 주목을 받기가 쉽다.

하지만 이러한 분할 이벤트에는 일정 기간 주식거래가 정지되는 기간이 존재한다. 즉 분할 절차가 모두 마무리되고 시장에서 주식 거래가 재개되는 시점에서 이러한 사항이 이미 주가에 모두 반영되어 있다. 핵심 사업부를 종속회사로 떼어내 향후 성장성이 높게 점쳐진다면 종속회사는 주가가 올라 있는 상태로, 지주회사의 주가는 빠진 채로 장이 열릴 것이다. 즉 인적분할 전부터 투자해온 기존 주주들의 입장에서는 양쪽 지주회사와 종속회사의 지분을 이미 보유한 상태이기 때문에 지주회사에서 손실이 난다 할지라도 종속회사의 주가 상승분으로 상쇄된다. 그래서 인적분할은 기존 투자자들이 비교적 선호하는 분할방식이라고 할 수 있다.

쪼갤수록 더 커지는 물적분할

문제의 물적분할이다. 이에 대해 여러 비판의 목소리가 나오고 있다. 사실 물적분할 그 자체는 큰 문제가 되지 않는다. 미국의 상장사들에서도 흔하게 볼 수 있는 분할 방식이다. 하지만 국내에서는 특이한 절차 하나가 추가되면서 기존 주주들에게 허탈감을 안겨주고 있다.

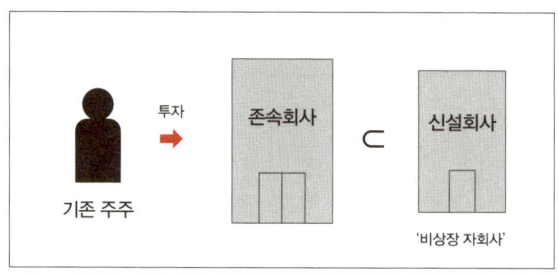

물적분할 후 기존 주주

물적분할은 기존 회사가 상하구조가 명확한 두 개의 기업으로 나뉜다고 생각하면 된다. 남아 있는 존속회사 아래에 분할된 신설회사가 자회사로 붙어 있는 구조다. 그래서 신설회사가 실적을 올려도 연결 재무제표상 존속회사에게 찍힌다. 신설회사의 지분 100%를 존속회사가 보유하고 있기 때문이다. 그리고 주식이 다수의 주주들에게 배분되지 않고 존속회사가 독점했기에 이 신설회사는 '비상장' 자회사가 된다. 즉 기존 주주들은 신설회사의 지분을 가질 수 없지만, 존속회사를 통해 간접적으로 투자하는 형태가 된다. 이러한 물적분할은 회사에 독립성을 부여하여 경영을 효율화할 목적으로 시행되는 경우가 많다.

그런데 국내에서 논란을 불러일으켰던 물적분할은 절차가 하나 추가된다. 존속회사의 비상장 자회사였던 신설회사가 주식시장에 상장되는 것이다. 이때 존속회사는 독점했던 신설회사 주식을 시장에 팔아 손쉽게 자금을 조달할 수 있다.

하지만 기존 주주들의 입장은 전혀 다르다. 예를 들어 미래에 간편결제 시장이 크게 성장할 것이라 생각하는 투자자가 있다. 아직 간편결제 상장사가 없기 때문에 관련 사업을 하고 있는 IT 회사에 투자했다. 예상대로 시장의 성장

세는 두드러졌고 주가도 꾸준히 상승했다. 그러던 중 IT회사가 물적분할을 결정하여 간편결제 사업부가 신설회사로 떨어져 나가버렸다. 그리고 신설회사가 IPO 상장 절차를 밟으며 공모주 열풍이 분다. 신설회사의 지분 100%를 보유하고 있던 IT 회사는 주식을 찍어내 돈을 쓸어 담는다. 반면에 내가 보유한 IT 회사의 주가는 유망 사업부의 이탈로 하락을 거듭하고 있다. 시장을 보는 눈은 옳았으나 그로부터의 이익에서는 배제된 것이다. 이것이 최근 문제가 되었던 물적분할 과정의 기존 주주 시점이다.

그동안 주주들의 투자 덕분에 기업은 규모를 키울 수 있었고 분할 결정도 가능했다. 하지만 최근 나타났던 물적분할에서는 기존 주주들에 대한 배려를 좀처럼 찾아볼 수 없었다. 증시 훈풍과 공모주 열풍이 불었던 2021년 카카오뱅크, 카카오페이, 그리고 LG에너지솔루션 모두 물적분할을 통해 상장된 기업들이다. 기업의 실적과 전망으로 볼 때 충분히 차입이나 유상증자를 통해 자금을 조달할 수 있었음에도 이들은 물적분할 후 상장을 선택했다.

미국 증시에서는 물적분할을 한 자회사가 IPO 상장 절차를 밟는 과정을 보기 힘들다. 여러 제약이 있을뿐더러 잘못하면 소액주주들의 집단소송에 휘말릴 수도 있기 때문이다. 나스닥에 상장된 알파벳도 구글과 유튜브를 포함해 전 세계 투자자들이 탐낼 만한 많은 자회사들을 보유하고 있다. 하지만 상장된 기업은 모회사인 알파벳 단 하나뿐이다. 자회사로부터 창출된 이익은 모두 모회사로 귀속되고 기존 주주들도 이를 누릴 수 있다. 국내와는 조금은 다른 모습이다.

DART 미리보기

🗂 회사분할 결정

[1. 분할방법]

: 매우 길게 쓰여져 있지만, 결국 '단순·물적분할' 혹은 '인적분할' 둘 중 어디인지만 체크하면 된다. '분할존속회사'는 사업부를 떼어준 회사를 말하며, '분할신설회사'는 분할을 통해 신설되는 회사를 말한다.

[2. 분할목적]

: 경영 효율성 제고를 통한 주주가치 제고와 지배구조 개선, 이 둘 중 어디에 목적이 있는지 설명하고 있다. 둘 다 해당되는 경우가 많은데 [1. 분할방법]을 통해 보다 중심이 되는 목적을 가늠할 수 있다.

[3. 분할의 중요영향 및 효과]

: 분할로 인한 지분율에 변화 등에 대한 내용이다.

[4. 분할비율]

: 분할로 나뉘는 회사의 가치를 비율로 알 수 있다. 인적분할의 경우 반드시 체크할 정보이나, 물적분할이라면 완전 자회사 구조이므로 비율을 산정하지 않는다.

[5. 분할로 이전할 사업 및 재산의 내용]

: 분할이 되면 기존 회사의 자산도 나뉘어진다. 이에 대한 정보이다.

[6. 분할 후 존속회사]

: 존속회사의 간단한 재무제표와 업종에 대한 정보이다.

[7. 분할설립회사]

: 떨어져 나가는 신설회사의 간단한 재무제표와 업종, 상장여부에 대한 정보이다.

[8. 감자에 관한 사항]

: 인적분할시 회사가 아예 떨어져 나가는 것이기에 자산과 자본도 감소하는 감자가 발생한다. 이 감자는 위의 분할비율만큼 감소된다. 위의 분할비율과 같은 이유로 물적분할인 경우 공란이다.

[11. 분할기일]

: 회사가 분할되는 날이다.

[16. 기타 투자판단에 참고할 사항]

: 대체로 회사 운영과 승계에 대한 내용이다. 분할 이후 추정 재무제표의 경우 챙겨보아야 한다.

① [1. 분할방법]은 물적분할과 인적분할, 이 두 가지 중 하나이다. 이 방식에 따라 공시에서 읽어야 할 포인트가 달라지며 분할의 목적도 분명하게 드러난다. 물적분할의 경우 기업의 경쟁력 강화, 인적분할의 경우 지배구조 개선이 주된 목적이다.

② 물적분할은 신설회사가 완전한 자회사 구조의 비상장회사로 분할된다. 기존 주주는 종속회사의 지분만을 기지며, 신설회사에 간접적으로 투자하게 된다. 자회사 실적이 모회사에 찍히는 연결 재무제표상 변화가 없으며 공시에서 읽어야 할 포인트도 크게 줄어든다. 다만 이 비상장 신설회사가 IPO 상장 절차를 밟을 경우 문제가 된다.

인적분할은 다른 두 상장사로 분할되며, 기존 주주 역시 두 회사의 주주가 된다. 지주회사 체제로 전환을 위해 신설회사에 주력 사업을 몰아주는 경우가 많다. 여기에 포인트를 맞추어 표시된 부분을 읽는다.

사례 분할로 코스피 시총 2위에 등극한 LG에너지솔루션

앞으로 국내 증시를 선도할 유망 산업을 고르자면 전기차 배터리 사업을 빼놓을 수 없다. 대표적인 관련 기업들 중 LG에너지솔루션은 현재 삼성전자와 SK하이닉스에 이어 국내 시가총액 순위 3위를 차지하고 있다.

2020년 12월 분할 설립된 LG에너지솔루션은 LG화학의 핵심 사업부 중 하나였다. 당시 LG화학은 세계 배터리시장에서 1, 2위를 다투던 회사였고 전기차의 미래에 돈이 몰리기 시작하자 LG화학도 큰 기대를 받았다. 이러한 분위기 속에서 2020년 9월 17일 LG화학은 기업분할 공시를 발표했다.

1. 분할방법	(1) 상법 제530조의2 내지 제530조의12의 규정 및 본 분할계획서에서 정하는 바에 따라 분할회사가 영위하는 사업 중 분할대상 사업부문을 분할하여 분할신설회사를 설립하되, 분할회사가 존속하면서 분할신설회사의 발행주식총수를 배정받는 단순·물적분할 방식으로 분할한다. 분할 후, 분할회사는 상장법인으로 존속하고 분할신설회사는 비상장법인으로 설립한다. 분할의 개요는 아래와 같다.
	
	〈분할의 개요〉
	- 분할 존속회사(분할회사 또는 분할 존속회사)
	  상호 : 주식회사 엘지화학
	  사업부문 : 분할대상 사업부문을 제외한 사업부문
	- 분할 신설회사
	  상호 : 주식회사 엘지에너지솔루션(가칭)
	  사업부문 : 전지사업부문 (자동차전지, ESS전지, 소형전지)
	(이하 생략)

[1. 분할방법]을 보면 아주 긴 설명이 나와 있다. 다 읽어보면 좋겠지만 분할의 방식과 어떤 사업부가 떨어져 나가는지 기본적인 정보만 챙겨도 충분하다. 우선 LG화학의 전지사업부문이 단순·물적분할 방식으로 분리되어 LG에너지솔루션(이하 엔솔)이라는 비상장회사가 설립된다. 물적분할이므로 LG화학이 엔솔의 지분 100%를 가져가는 자회사 구조가 된다. 따라서 기존 LG화학 주주들은 엔솔의 지분이 없으며 모회사인 LG화학을 통해 간접투자하는 형태가 된다.

2. 분할목적	(2) 분할신설회사는 전지 관련 사업에 역량을 집중함으로써 해당 사업부문의 전문성 및 시장 지배력을 강화하고, 사업 특성에 맞는 독립적이고 신속한 의사결정을 가능하게 하여 경영효율성을 제고하고자 한다. … (4) 각 사업부문의 전문화를 통해 핵심 사업의 경쟁력을 제고하고, 권한과 책임을 명확히 하여 객관적인 성과평가를 가능하게 함으로써 책임경영체제를 확립한다. (5) 상기와 같은 지배구조 체제 변경을 통해 궁극적으로 기업가치와 주주가치를 제고한다.

[2. 분할목적]을 보면 경영의 효율화 측면을 강조하고 있다. 이렇듯 물적분할은 기업 경쟁력 확보를 목적으로 많이 시행된다. 완전 자회사가 되는 물적분할이므로 [3. 분할의 중요영향 및 효과]와 [4. 분할비율] [8. 감자에 관한 사항]은 별 내용이 없다. 분할 후 재무제표를 보면서 마무리한다.

	회사명	주식회사 엘지화학 (LG CHEM, LTD.)			
6. 분할 후 존속회사	분할 후 재무내용(원)	자산총계	24,727,505,710,317	부채총계	7,912,704,159,275
		자본총계	16,814,801,551,042	자본금	391,405,715,000
		2020년 06월 30일		현재기준	
	존속사업부문 최근 사업연도매출액(원)	15,617,248,169,816			
	주요사업	석유화학, 첨단소재, 바이오 사업			
	분할 후 상장유지 여부	예			
7. 분할 설립회사	회사명	(가칭) 주식회사 엘지에너지솔루션 (LG ENERGY SOLUTION, LTD)			
	설립 시 재무내용 (원)	자산총계	10,255,222,921,326	부채총계	4,297,068,576,450
		자본총계	5,958,154,344,876	자본금	100,000,000,000
		2020년 06월 30일		현재기준	
	신설사업부문 최근 사업연도 매출(원)	6,695,312,485,423			
	주요사업	전지 사업			
	재상장신청 여부	아니오			

재무제표의 각 계정 총계를 통해 엔솔이 분할되는 비율을 알 수 있다. 자본금은 엔솔이 20%를 가져가며 자산·부채·자본·매출액은 평균적으로 30%의 비율을 차지한다. 여러 사업을 운영하는 LG화학에서 하나의 사업부문이 전체 매출의 30%를 창출한다는 것은 상당한 수치라고 볼 수 있었다.

하지만 비상장 자회사, LG에너지솔루션은 결국 상장절차를 밟게 된다. 2차 전지의 미래를 보고 LG화학에 투자한 기존 주주들의 입장에서는 배신감이 들 수밖에 없었다. 사실 분할되기 전부터 이에 대한 소문이 파다했다.

공시대상회사	보고서명	제출인	접수일자
LG화학	풍문또는보도에대한해명(미확정)	LG화학	2020.07.22
LG화학	풍문또는보도에대한해명(미확정)	LG화학	2020.01.23
LG화학	풍문또는보도에대한해명(미확정)	LG화학	2019.12.24

과거 LG화학은 배터리사업부 분할설에 대해 세 차례나 공시를 내놓았다. 답변은 모두 동일했다. '다양한 전략을 검토 중이나 아직 결정된 바는 없다. 나중에 정해지면 공시하겠다'라는 답변이었다. 그리고 마지막 해명공시로부터 채 두 달도 되기 전에 분할결정 공시가 올라온 것이다.

사업 다각화를 통한 경쟁력 확보는 그럴싸한 포장이었다. LG화학은 2차전지 시장 규모가 점차 커지자 대규모 설비투자 자금이 필요했다. 여러 자금 조달 방법이 있었지만 결국 물적분할 후 신규상장이라는 방법을 택했다. 공모주 열풍이 불던 시기였기에 손쉽게 가장 많은 자금을 조달할 수 있는 방법이었다.

LG화학의 주가는 분할 이후 상장 절차를 밟게 되면서 하락 추세에 접어들었다. 캐시카우였던 2차전지 사업부가 빠져나갔으니 상승동력이 약해지는 것은 당연했다. 하지만 LG에너지솔루션도 상황은 비슷했다. 수요예측에서 사상 처음으로 경 단위의 자금이 몰리며 과도하게 거품이 낀 가격으로 주가가 시작되었고 상장 이후 주가는 내리막을 걸었다. 결국 LG화학을 보유한 기존 주주들도, LG에너지솔루션으로 갈아탄 주주들도 모두 손실을 입었다.

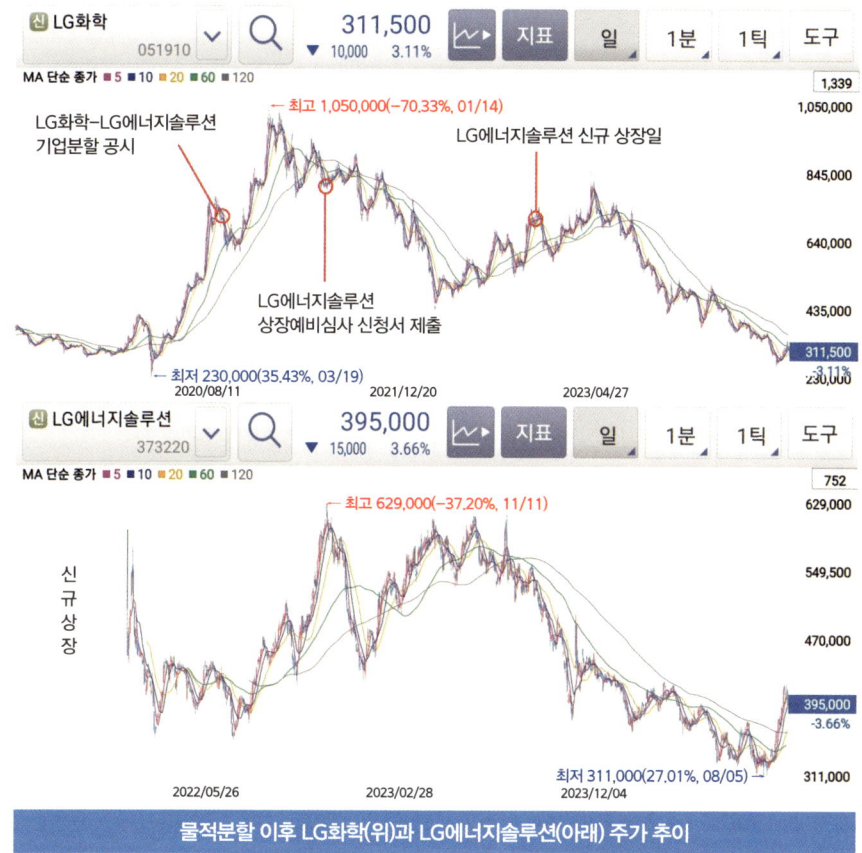

물적분할 이후 LG화학(위)과 LG에너지솔루션(아래) 주가 추이

하지만 회사의 상황은 달랐다. LG화학의 한 사업부문이었던 LG에너지솔루션은 신규상장 한 방으로 당시 삼성전자에 이은 코스피 시가총액 순위 2위에 등극했다. 당시 LG그룹 전체 규모도 사상 처음으로 200조를 넘기며 SK그룹을 제치고 2위에 올라섰다. 단지 회사를 분리했을 뿐인데 시가총액이 눈덩이처럼 커지는 마법 같은 일이 일어났다.

강한 시너지 효과가 예상되는 두 기업이 손을 맞잡기라도 하면 장밋빛 전망들이 쏟아진다. 하지만 공시 한참 전부터 합병설이 돌며 주가가 상승해온 경우에는 주의해야 한다. 정작 합병 발표 이후 재료 소멸로 주가가 빠질 수 있다.

Chapter 11

합병

외부에서
성장동력을 찾다

기업 내부에서는 회사의 가치를 높이기 위한 다양한 의사결정들이 논의된다. 신제품 개발에 몰두하거나 원자재 공급망을 수정하여 원가를 절감시킬 수도 있다. 때로는 단기적인 이익을 희생하여 매출과 시장 점유율 확대에 집중하기도 한다. 하지만 어느 순간이 되면 한계점을 마주한다. 이때는 새로운 성장동력을 찾기 위해 기업 외부로 시선을 돌리는 것도 한 가지 방법이 될 수 있다.

합병은 다른 회사를 사들여 같은 회사로 합치는 것을 말하며, 인수는 다른 회사를 산하의 자회사로 편입시키는 것을 말한다. 다른 기업과 합쳐 시너지 효과를 일으키고 추가 성장 방향을 모색한다는 점에서는 일맥상통하다. 현금 유동성이 풍부하나 성장세가 둔화된 대기업들이 인수합병을 적극 활용하곤 한다.

합병의 방식은 크게 흡수합병과 신설합병으로 나눌 수 있다. 흡수합병은 큰 회사가 작은 회사를 흡수하는 형태로 합쳐져 큰 회사만 남는 방식이다. 이때 인수하는 큰 회사를 존속회사, 사라지는 피인수회사를 소멸회사라고 한다. 거의 대부분의 합병이 흡수합병으로 이루어진다. 신설합병은 두 회사가 만나 둘 다 사라지고 새로운 회사가 들어서는 방식인데, 보기 드문 편이다.

투자 중인 회사가 합병으로 소멸된다고 하더라도 걱정할 필요는 없다. 정해진 합병비율에 따라 소멸회사의 주주들에게 존속회사의 주식을 나눠준다. 소멸회사 주주들은 합병이 마무리되면 이제 존속회사의 새로운 주주가 되는 것이다. 그리고 이 합병비율이 높을수록 인수당하는 소멸회사의 가치를 높게 책정했다고 볼 수 있다.

예를 들어 합병 비율이 '존속회사 : 소멸회사 = 1 : 0.2'라면 이는 인수당하는 소멸회사를 존속회사의 20% 가치로 책정했다는 뜻이다. 따라서 소멸회사의 주주들에게 1주당 0.2주의 존속회사 주식을 발행해서 지급한다. 소멸회사의 주식 100주를 보유한 주주라면 이 주식은 사라지고 존속회사의 주식 20주를 받을 수 있다.

합병비율의 경우 굉장히 복잡한 방식으로 책정된다. 하지만 투자자 입장에서는 이 비율이 어떻게 산출되었는지 고민할 필요 없이 그냥 저 회사를 이 정도 가치로 보고 있구나 하고 넘어가면 된다. 참고로 소멸회사가 상장사일 경우 최근 주가를 이용해 비율을 산정하는 반면, 비상장사라면 보유 자산과 수익성을 감안하여 산출한다. 그래서 비상장사와의 합병에서 실제가치와 괴리가 큰 합병가액이 산출되어 논란이 생기는 경우가 있기도 했다.

강한 시너지 효과가 예상되는 두 기업이 손을 맞잡기라도 하면 장밋빛 전망들이 쏟아진다. 두 업체의 장점만 쏙 가져온 낙관적인 전망이 언급되면서 곧바로 주가를 끌어올리는 경우가 많다. 부품을 납품하는 회사를 합병하여 원가를 절감하려는 기업도, 시장점유율 상위의 두 기업이 손을 잡는 경우도 마찬가지다. 하지만 공식적인 발표 한참 전부터 합병설이 돌며 주가가 빠르게 상승해온 경우에는 합병 발표 이후 재료 소멸이 발생해 주가가 빠질 가능성이 크다.

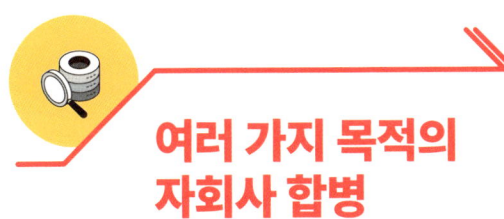

여러 가지 목적의 자회사 합병

사실 강렬한 시너지 효과가 예상되는 합병은 보기 드물다. 쉽게 볼 수 없기에 그만큼이나 시장의 관심도가 크다고 할 수 있다. 실제 시장에서 자주 마주치는 합병은 모회사와 자회사 간에 이루어지는 합병이다. 원래 하나의 줄기에서 나왔기 때문에 비교적 조용하고 사업실적이 모회사로 이어지는 연결 재무제표상에서 변화도 없다. 하지만 각자의 상황에 따라 알찬 합병이 되기도 한다.

미래 전망은 기대해볼 만하지만 당장 부채에 허덕이는 기업들이 있다. 바이오 기업들이 대표적이다. R&D 투자는 꾸준히 해오고 있지만 아직 투자 대비 실적이 나오지 않아 재무구조가 부실하다. 이런 기업들이 모회사와 합병한다는 소식에 급등하는 경우가 있다. 합병 전에는 신규 투자자금을 끌어오기가 쉽지 않았다. 주식을 찍어내자니 주주들의 눈치가 보이고 돈을 빌리자니 이자비용을 감당하기가 힘들었다. 하지만 이제는 원활하게 투자자금을 조달할 수 있다. 또한 실적부진으로 재정난에 허덕여왔던 상황도 해결된다. 모회사의 자금력이 탄탄하고 자회사가 고부가가치 산업에서 잔뼈가 굵은 경우가 이에 해당한다.

그런데 모회사도 제 코가 석 자인 상황이라면 주주들의 반대로 합병이 무산될 수 있다. 특히 합병되는 자회사가 미래를 보는 기업이 아니라, 그냥 부채투성이 기업이라면 주주들의 불만은 더욱 커진다. 합병 반대에 대해서는 다음에서 다루겠다.

코스닥 시장에 상장된 모회사를 살리기 위해 합병을 시도하는 경우도 있다. 코스닥 상장사가 '별도' 재무제표상 4년 연속 적자를 기록하면 관리종목으로 지정되어 상장폐지 수순을 밟을 수 있다(별도 재무제표는 그 회사 하나의 재무제표이고, 연결 재무제표는 자회사들의 실적을 포함한 재무제표다). 즉, 합병을 통해 자회사의 실적을 모회사의 별도 재무제표로 옮기는 것이다. 그래서 모회사가 영업이익 적자를 기록하여 관리종목으로 편입된 경우 이듬해에 자회사 합병을 활용하여 관리종목에서 탈출하는 경우가 있다.

또한 합병은 최대주주의 경영권 강화를 위한 수단으로 쓰이기도 한다. 기업 두 개를 운영하는 최대주주가 있다고 해보자. 기업A와 B에서 지분율은 각각 30%와 100%이며, 기업A가 B를 흡수합병한다. 합병비율에 따른 최대주주의 지분율을 비교해보면 아래와 같다.

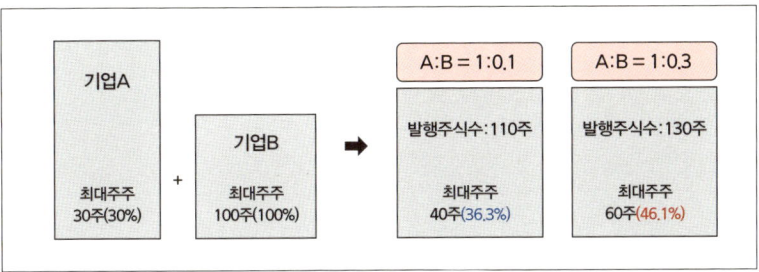

합병비율에 따른 최대주주 지분율 비교

합병을 전후해서 최대주주의 지분율은 합병비율이 1 : 0.1인 경우 약 6.3% 증가하지만, 1 : 0.3이라면 약 16.1% 증가한다. 즉 최대주주의 지분율이 높은 피합병회사B가 고평가되거나 합병회사A가 저평가될수록 최대주주에게 유리해지는 것이다.

이러한 목적의 합병은 자회사를 여럿 거느린 지주회사 체제에서도 일어나지만, 비상장 자회사를 합병할 때 자주 활용된다. 비상장 자회사는 상장기업과는 달리 특정 주주의 지분율이 극단적으로 높을 수 있으며 주가가 아닌 자산과 수익가치로 합병가액을 산정하기 때문이다.

주주들의 반대에 부딪히다, 주식매수청구권

주식시장에서는 항상 이해할 수 없는 일들이 속출하곤 한다. 정말 잘했다 싶은 합병도 있지만 주주 입장에서 당초 납득하기 힘든 합병도 있다. 일단 합병하는 회사는 소멸하는 회사의 주주들에게 합병비율대로 신주를 지급해야 한다. 이 말은 합병회사 기존 주주들의 지분 가치가 희석된다는 뜻이기도 하다. 그런데 회사 간의 시너지 효과도 전혀 보이지 않는데 부채까지 많은 기업과의 합병이라면 주주들은 전혀 달갑지가 않을 것이다. 이럴 때 주주들은 이 상황을 그저 보고만 있어야 할까?

회사의 합병에 대해 불만이 있을 때, 주주들은 "더 이상 이 회사에 투자하고 싶지 않으니, 내 주식을 정당한 가격에 사가세요"라고 회사에 요구할 수 있다. 이를 주식매수청구권이라고 한다(이때 주식 매수가격은 최근 주가추이를 기준으로 산출된다). 인수합병에는 상당한 자금이 소요된다. 그런데 기존 주주들이 합병에 반발하여 주식매수청구권을 행사한다면 주주들의 주식까지 사야 한다. 즉 주주들이 합병 비용을 증가시켜 합병을 무산시킬 수 있다.

단, 기업 간의 의사결정을 무산시킬 수 있는 권리인 만큼 일정 조건을 갖춘 주주들만이 행사할 수 있다. 우선 합병 공시 이후에 주식을 매수한 주주는 여기서 제외된다. 그리고 주주총회 3영업일 전까지 서면이나 증권사를 통해 합병 반대의사를 통지해야 한다. 만약 반대의사를 통지하지 않는다면 주식매수청구권을 받을 수 없다. 그리고 주주총회에서 찬성표를 던질 경우에도 이 권리에서 배제된다. 즉 일관된 합병 반대의사를 밝혀야만 주식매수청구권을 행사할 수 있는 것이다.

그런데 모든 합병에서 주식매수청구권이 주어지는 것은 아니다. 합병의 대가로 발행되는 신주가 전체 주식 대비 10% 이하인 경우를 소규모 합병이라고 한다. 그리고 합병회사가 소멸회사의 지분 90% 이상을 보유했거나, 소멸회사의 모든 주주가 합병에 동의하는 경우를 간이합병이라고 한다. 이렇게 규모가 작은 소규모 합병과 간이합병의 경우 주식매수청구권이 인정되지 않는다.

DART 미리보기

회사합병 결정

[1. 합병방법]

: 대부분이 '흡수합병'이다. 합병존속회사는 흡수하는 기업, 합병소멸회사는 흡수되어 사라지는 기업을 말한다. 만약 주식매수청구권이 없는 소규모, 간이합병인 경우, 하단 '합병의 형태'에 기재된다.

[2. 합병목적]

: 발전을 저해할 목적으로 합병하는 회사는 없다. 그래서 대개 비슷한 좋은 내용이 쓰여 있다. 경영 효율성 제고와 지배구조 개선을 통한 기업 및 주주가치 제고에서 둘 중 하나, 혹은 둘 다이다.

[3. 합병의 중요영향 및 효과]

: 합병을 통해 이루고자 하는 자세한 목표와 지분변동에 대해 다루는 부분이다. 경영, 재무, 영업 등의 측면으로 나누어 설명하고 있다.

[4. 합병비율]

: 합병존속회사 : 합병소멸회사 = 1 : n, 으로 표기되어 있다. 존속회사 주식 1주의 가치가 1일 때, 소멸회사 주식 1주가 n만큼의 가치가 있다는 뜻이다. 합병의 대가로 소멸회사 주식 1주당 존속회사 주식 n주로 교환해야 한다. 따라서 n이 클수록 소멸회사에 책정한 가치가 크다고 할 수 있다.

[5. 합병비율 산출근거]

: 합병 비율에 대한 근거이다. 상장회사의 경우 주가, 비상장회사의 경우 외부 평가기관이 수익과 자산가치를 통해 산출한다.

[6. 외부평가에 대한 사항]

: 비상장회사의 가치를 산출하는 외부평가에 대한 내용이다. 외부평가기관명, 기간, 외부평가의 근거와 의견 등이 기재되어 있다.

[7. 합병신주의 종류와 수]

: 소멸회사 주주들에게 지급해야 할 존속회사 주식의 수이다.

[8. 합병상대회사]

: 소멸회사에 대한 정보이다. 업종과 존속회사와의 관계, 그리고 간단한 재무제표 상황을 확인할 수 있다.

[9. 신설합병회사]

: 신설합병으로 두 회사가 사라지고 새로운 회사가 등장하는 경우, 이 신설합

병회사에 대한 정보가 기재된다. 흡수합병으로 진행된다면 신설되는 회사가 없으므로 이 부분은 공란이다.

[10. 합병일정]
: 합병 과정의 주요 일정이다. 기존 주주라면 주식매수청구권에 관한 일정과 신주가 상장되는 날짜를 눈여겨볼 필요가 있다.

[11. 우회상장 해당 여부]
: 주식시장에 상장되는 절차는 상당히 까다롭다. 그러나 비상장회사가 상장사와 합병하면 보다 수월하게 상장될 수 있다. 이를 우회상장이라 한다. 비상장사와의 합병일 경우 해당될 수 있으며 예/아니오로 기재된다.

[13. 주식매수청구권에 관한 사항]
: 회사가 얼마에 매수할지 '매수예정가격'을 미리 고지하고 있으며 이를 행사하기 위한 절차에 대해 자세히 기재되어 있다. 기존 주주라면 참고할 부분이며, 소규모합병·간이합병인 경우 주식매수청구권이 인정되지 않아 공란이다.

[15. 풋옵션 등 계약체결 여부]
: 사모펀드가 M&A에 참여하는 과정에서 풋옵션 등의 계약을 체결한 경우 공시에 해당 사항을 밝혀야 한다.

[17. 기타 투자판단에 참고할 사항]
: 합병이 무산될 수 있는 조건과 합병 이후 추정재무제표 등에 대한 내용이다.

① 합병은 최근 저성장 기조 속에서 크게 주목받고 있다. 자회사 간 합병이 아니라, 기업가치에 큰 변화를 수반하는 굵직한 합병이라면 확정된 공시가 제출되기 전부터 주가가 움직인다. 따라서 먼저 나온 합병설을 분석하여 목적과 예상되는 결과 등을 분석한다. 합병이 공식적으로 확정되었을 때는 재료소멸로 주가가 오히려 하락할 가능성이 있다.

② 합병은 시너지 효과를 통한 경쟁력 확보, 경영권 강화, 그리고 자회사와 모회사가 실적을 공유하기 위해 활용된다. [1. 합병방법]과 [3. 합병의 중요영향 및 효과]를 통해 구체적인 합병의 목적을 확인한다. '경영에 미치는 영향'의 경우 지분에 대한 내용이 담겨 있다. 이 부분을 중심으로 '재무와 영업에 미치는 영향'을 살핀다.

③ 합병 상대회사가 얼마나 가치 있는 회사인지, [4. 합병비율]과 [8. 합병상대회사]를 통해 확인한다. 합병에 대해 주주들의 불만이 클 경우 반대에 부딪혀 무산될 수 있다. 따라서 기존 주주이며 소규모·간이합병이 아니라면 [13. 주식매수청구권에 관한 사항]도 살펴본다.

사례 | 세중, 관리종목 탈출을 예상할 수 있었던 합병

결산 시즌이 되면 주식시장에는 긴장감이 맴돈다. 많은 기업들이 3월에 사업보고서와 감사보고서를 제출한다. 이에 따라 관리종목·상장폐지 이슈가 발생하거나 상폐 위기에서 탈출하는 등 희비가 엇갈리곤 한다.

이번에 다룰 세중은 여행업을 주된 사업으로 하는 기업으로 2021년에 관리종목에 편입된 종목이다. 2021년은 코로나 사태 여파로 여행사들에게 특히나 어려웠던 시기였다. 하지만 세중은 합병을 바탕으로 3월 관리종목에서 탈출할 수 있었다. 2021년 5월 24일(6월 14일 기재정정)에 올라온 합병 공시를 보겠다.

1. 합병방법	주식회사 세중이 주식회사 세중정보기술 및 세중에스앤씨를 흡수합병합니다. • 존속회사 : 주식회사 세중 • 소멸회사 : 1) 주식회사 세중정보기술 　　　　　　2) 주식회사 세중에스앤씨
－합병형태	소규모합병
2. 합병목적	완전자회사의 흡수합병을 통한 경영효율성 제고

3. 합병의 중요영향 및 효과	1. 회사 경영에 미치는 영향 … 합병회사인 주식회사 세중은 본 합병을 함에 있어 합병신주를 발행하지 않는 무증자 합병으로 진행하므로 합병회사의 경영권 변동 등에 미치는 영향은 없으며, 본 합병 완료 후 합병회사의 최대주주 변경은 없습니다. 2. 회사의 재무 및 영업에 미치는 영향 본 합병은 연결실체 관점에서는 합병회사인 주식회사 세중의 경영, 재무, 영업에 유의적 영향을 미치지는 않을것이나, 완전 자회사의 합병을 통한 사업의 통합적인 운영을 통해 시너지를 창출하여 경쟁력이 강화될 것으로 예상됩니다. …
4. 합병비율	주식회사 세중 : 주식회사 세중정보기술 = 1 : 0 주식회사 세중 : 주식회사 세중에스앤씨 = 1 : 0

[1. 합병방법]은 흡수합병이며 소규모 합병임을 알 수 있다. 많은 변화가 수반되는 외부 기업과의 합병이 아닌 자회사간의 소규모 합병이므로 공시에서 읽어야 할 부분은 크게 줄어든다. 합병을 통해 이루고자 하는 목표가 무엇인지에 초점을 맞추어야 한다.

[3. 합병의 중요영향 및 효과]를 보면 장황하게 쓰여 있지만 골자는 '합병 전후로 큰 변화가 없습니다'이다. 물론 경영 효율성 제고와 시너지 창출이라는 목표를 제시하기는 했다. 하지만 [8. 합병상대회사]를 보면 표면적인 이야기일 뿐, 주된 목표로 보이지는 않았다. 세중은 여행업을 주요 사업으로 하는 기업이다. 그런데 합병상대회사들의 주요 사업을 보면 여행업과 전혀 동떨어진 업종이었다.

8. 합병 상대회사	회사명	주식회사 세중정보기술(Sejoong Information Technology Co.,Ltd)			
	주요사업	S/W사업, 3D프린터사업, PLM사업			
	회사와의 관계	자회사			
	최근 사업연도 재무내용(원)	자산총계	70,386,537,292	자본금	1,255,000,000
		부채총계	29,161,351,819	매출액	110,393,482,861
		자본총계	41,225,185,473	당기순이익	1,433,898,623
	외부감사 여부	기관명	대주회계법인	감사의견	적정
	회사명	주식회사 세중에스앤씨(Sejoong S&C Co.,Ltd)			
	주요사업	BPO사업			
	회사와의 관계	자회사			
	최근 사업연도 재무내용(원)	자산총계	14,866,404,169	자본금	1,500,000,000
		부채총계	1,931,104,668	매출액	18,954,225,781
		자본총계	12,935,299,501	당기순이익	285,279,482
	외부감사 여부	기관명	삼덕회계법인	감사의견	적정

관리종목 기업이 공시를 제출했다면 그에 앞서 관리종목으로 지정된 사유를 확인하는 것이 가장 중요하다. 세중이 2021년에 관리종목으로 지정된 이유는 별도 재무제표를 기준으로 직전 해의 매출액이 30억을 밑돌았기 때문이다. 코스닥 규정상 이에 해당될 경우 관리종목으로 편입되며 2년 연속으로 해당된다면 상장폐지 대상이다. 세중의 2020년 별도 재무제표 기준 매출액은 약 29억이었다. 미달의 정도가 크지는 않았지만 코로나 여파로 인해 2021년에도 정상적인 영업이 어렵다는 점이 문제였다.

사업연도	별도 재무제표 기준 매출액	
	3개월	누적
2020.12		2,926,415,859
2021.03	566,672,993	566,672,993
2021.06	593,934,850	1,160,607,843
2021.09	46,692,945,256	47,853,553,009

6월까지의 실적은 처참했다. 1, 2분기 모두 6억 원이 채 안 되는 매출액을 기록했다. 이대로라면 올해도 매출액 30억 미만이 유력했고, 이는 상장폐지를 의미했다.

그래서 세중이 합병 카드를 꺼내든 것이다. 자회사와 합병하게 되면 연결 실적에는 변화가 없지만 시장 퇴출요건과 관련된 별도 실적에 변화가 생긴다. 공시를 보면 [8. 합병상대회사]의 작년 연 매출액이 각각 약 1100억, 190억이었다. 또한 주식매수청구권이 없는 소규모합병이었기에 합병에 실패할 가능성도 0에 가까웠다. 즉 이번 합병 공시로 관리종목 지정 사유가 완전히 해소된다고 보아도 무방했다. 실제로 합병이 반영된 9월 분기보고서부터 매출액이 급격히 상승한 것을 확인할 수 있다.

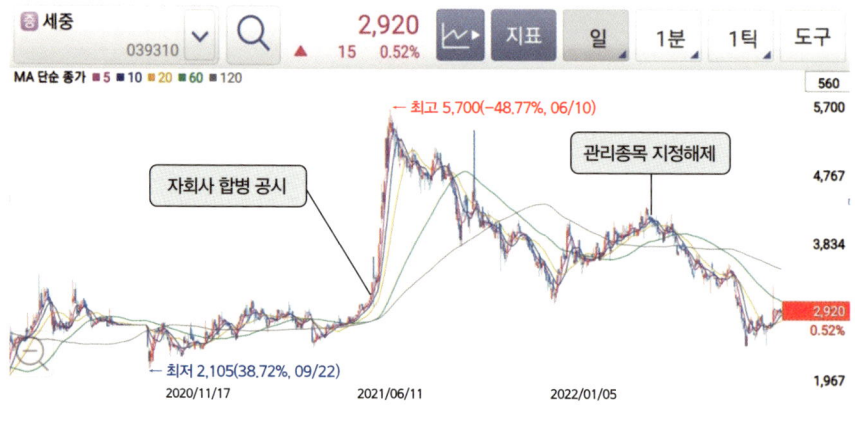

합병 전후 주가추이

　일반적으로 관리종목 지정 사유가 해소되어 상장폐지 위험에서 탈출한다면 주가는 상승한다. 그런데 위 차트를 보면 합병 공시 직후 주가가 급격히 상승했으며 정작 관리종목 해제 이후 하락세에 빠졌음을 알 수 있다. 앞선 Chapter 06, 07의 사례와 마찬가지로 기대감이 주가에 먼저 반영된 결과이다. 관리종목 지정 사유였던 연 매출액 30억 기준을 이번 합병으로 무난하게 충족할 수 있었고, 이에 대한 기대감이 미리 반영되어 합병공시 직후 급등했던 것이다. 그래서 상폐 위험에서 벗어남이 확실해진 3월, 주가의 상승동력은 크지 않았고 오히려 침체하게 되었다.

　주가를 올리거나 내리는 사건이 명확히 구분된다면 좋겠지만 실제 투자에 들어가면 같은 공시 혹은 같은 사건임에도 주가가 정반대로 움직이는 경우가 자주 나타난다. 누가 봐도 호재처럼 보여서 매수를 했는데 주가가 쭉 빠지면 혼란스러울 수밖에 없다.

　여러 사례를 통해 보았듯이 이러한 차이는 기대감이 주가에 선반영된 정도에 따라 발생한다. 추후 발생할 호재를 미리 예상하고 일찍이 매수세가 몰려 주가가 오르기 시작하다가 정작 그 호재가 발생했을 때 차익실현 물량이 터져 나오며 하락하는 메커니즘이다.

　따라서 호재로 읽힐 수 있는 공시나 사건이 나오면 언제부터 그 가능성이 반영되기 시작했는지 과거부터의 주가 추이를 거슬러 올라가 봐야 한다. 만약 과거부터 해당 기대감으로 주가가 상승해 왔다면 그 종목을 매수하는 것은 다시 한번 심사숙고해야 한다. 예상됐던 공시 제출과 함께 주가가 오히려 내리막을 걸을 수 있다.

북오션 재테크 도서 목록

주식 / 금융투자

김남기 지음 | 25,000원
288쪽 | 170×224mm

당신의 미래, ETF 투자가 답이다

미래에셋자산운용 대표가 18년간의 현장 경험과 깊이 있는 노하우를 바탕으로, 누구나 쉽게 이해하고 활용할 수 있는 ETF 투자 전략을 제시한다. 단순한 투자 지침서를 뛰어넘어, 저자의 투자 철학과 ETF 실무자로서의 개인적인 이야기가 녹아 있는 에세이 형식으로 구성되어 있어, 독자들이 ETF를 더 깊이 이해하고 쉽게 다가설 수 있도록 도와준다.

박병창 지음 | 19,000원
360쪽 | 172×235mm

주식투자 기본도 모르고 할 뻔했다

코로나 19로 경기가 위축되는데도 불구하고 저금리 기조가 계속되자 시중에 풀린 돈이 주식시장으로 몰리고 있다. 때 아닌 활황을 맞은 주식시장에 너나없이 뛰어들고 있는데, 과연 이들은 기본은 알고 있는 것일까? '삼프로TV', '쏠쏠TV'의 박병창 트레이더는 '기본 원칙' 없이 시작하는 주식 투자는 결국 손실로 이어짐을 잘 알고 있기에 이 책을 써야만 했다.

박병창 지음 | 18,000원
288쪽 | 172×235mm

현명한 당신의 주식투자 교과서

경력 23년차 트레이더이자 한때 스패큐라는 아이디로 주식투자 교육 전문가로 불리기도 한 저자는 "기본만으로 성공할 수 없지만, 기본 없이는 절대 성공할 수 없다"고 하며, 우리가 모르는 '기본'을 설명한다. 아마도 이 책을 보고 나면 '내가 이것도 몰랐다니' 하는 감탄사가 입에서 나올지도 모른다. 저자가 말해주는 세 가지 기본만 알면 어떤 상황에서도 주식투자를 할 수 있다.

최기운 지음 | 18,000원
424쪽 | 172×245mm

10만원으로 시작하는
주식투자

4차산업혁명 시대를 선도하는 기업의 주식은 어떤 것들이 있을까? 이제 이 책을 통해 초보투자자들은 기본적이고 다양한 기술적 분석을 익히고 그것을 바탕으로 향후 성장 유망한 기업에 투자할 수 있는 밝은 눈을 가진 성공한 가치투자자가 될 수 있다. 조금 더 지름길로 가고 싶다면 저자가 친절하게 가이드해준 몇몇 기업을 눈여겨보아도 좋다.

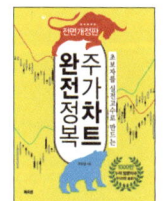

곽호열 지음 | 19,000원
244쪽 | 188×254mm

초보자를 실전 고수로 만드는
주가차트 완전정복

이 책은 주식 전문 블로그 〈달공이의 주식투자 노하우〉의 운영자 곽호열이 예리한 분석력과 세심한 코치로 입문하는 사람은 물론 중급자들이 놓치기 쉬운 기술적 분석을 다양하게 선보인다. 상승이 예상되는 관심 종목 분석과 차트를 통한 매수·매도 타이밍 포착, 수익과 손실에 따른 리스크 관리 및 대응방법 등 주식시장에서 이기는 노하우와 차트기술에 대해 안내한다.

유지윤 지음 | 25,000원
312쪽 | 172×235mm

하루 만에 수익 내는
데이트레이딩 3대 타법

주식 투자를 한다고 하면 다들 장기 투자나 가치 투자를 말하지만, 장기 투자와 다르게 단기 투자, 그중 데이트레이딩은 개인도 충분히 가능하다. 물론 쉽지는 않다. 꾸준한 노력과 연습이 있어야 한다. 하지만 가능하다는 것이 중요하고, 매일 수익을 낼 수 있다는 것이 중요하다. 그 방법을 이 책이 알려준다.

유지윤 지음 | 18,000원
264쪽 | 172×235mm

누구나 주식투자로
3개월에 1000만원 벌 수 있다

주식시장에서 은근슬쩍 돈을 버는 사람들이 있다. '3개월에 1000만 원' 정도를 목표로 정하고, 자신만의 투자법을 착실히 지키는 사람들이다. 3개월에 1000만 원이면 웬만한 사람들 월급이다. 대박을 노리지 않고, 딱 3개월에 1000만 원만 목표로 삼고, 그것에 맞는 투자 원칙만 지키면 가능하다. 이렇게 1000만 원을 벌고 나서 다음 단계로 점프해도 늦지 않는다.

터틀캠프 지음 | 25,000원
332쪽 | 172×235mm

캔들차트 매매법

초보자를 위한 기계적 분석과 함께 응용까지 배울 수 있도록 자세하게 캔들 중심으로 차트의 원리를 설명한다. 피상적인 차트 분석이 아니라 기계적으로 차트를 발굴해서 실전에서 활용하는 데 초점을 맞춘 가이드북이다. 열심히 공부하고 노력하여 자신만의 매매법을 확립해, 돈을 잃는 투자자에서 수익을 내는 투자자로 거듭날 계기가 될 것이다.

유지윤 지음 | 25,000원
240쪽 | 172×235mm

1000만 원으로 시작하는 데이트레이딩

적극적이고 다혈질인 한국인에게 딱 맞는 주식투자법, 바로 데이트레이딩이다. 초보자에게 상승장, 하락장뿐만 아니라 횡보장에서도 성공적인 데이트레이딩 전략을 제시한다. 매매 노하우와 스킬을 향상시켜 일상적인 수익 창출을 이끌어줄 것이다. 개인투자자로서의 마음가짐부터 안전하게 시작할 수 있는 꿀팁을 제공한다. 차트를 보면 돈 벌어줄 종목이 보인다!

가상화폐 투자

크맨 지음 | 25,000원
232쪽 | 170×224mm

가상화폐 차트분석 교과서

가격의 흐름을 예상할 수 있는 가장 확실한 도구는 바로 차트다. 차트 분석은 과거의 데이터와 현재의 시장 동향을 기반으로 미래의 가격 움직임을 예측하려 시도하는 기술적 분석으로, 시장을 더 깊이 있게 이해할 수 있다. 이 책은 가상화폐 투자를 위한 심도 있는 차트 기술을 모두 담고 있다. 이를 통해 독자들이 실전에서 고수익을 창출할 수 있는 능력을 키워줄 것이다.

크맨 지음 | 20,000원 | 신국판 변형 | 200쪽

개념부터 차트 분석까지
암호화폐 실전투자 바이블

소문으로만 듣던 수익률 2000%! 암호화폐 투자고수의 투자비법. 고수익을 올리기 위한 정보취합 및 분석, 차트분석과 거래전략을 체계적으로 설명해준다. 투자자 사이에서 족집게 과외·강연으로 유명한 저자의 독창적인 차트분석과 다양한 실전사례가 성공투자의 길을 안내한다. 단타투자자는 물론 중·장기투자자에게도 나침반과 같은 책이다.

크맨 지음 | 20,000원 | 신국판 변형 | 212쪽

가상화폐 차트도 모르고 할 뻔했다

이 책은 중급 이상의 투자자들을 위한 본격적인 차트분석서이다. 가상화폐의 차트의 특성을 면밀히 분석하고 독창적으로 체계화해서 투자자에게 높은 수익률을 제공했던 이론들이 고스란히 수록되어 있다. 누구나 하루에 1%, 한달 35% 수익을 올릴 수 있다.

크맨·황동규·찰리 지음 | 22,000원 | 신국판 변형 | 208쪽

초보자도 고수되는
가상화폐 완전정복

재테크를 하려는 사람이라면 꼭 알아야 하는 것들에 대해 저자의 경험을 바탕으로 솔직하고 구체적으로 설명한다. 저자가 일방적으로 이론만 전달하는 책이 아닌, 실전을 알려 주고 있다. 초보자가 준비 없이 돈 벌려고 하면 누군가의 수익이 내 돈을 내어 주는 역할을 하게 된다는 점을 분명하게 짚어준다. 그래서 손해는 덜 보고, 이익은 많이 낼 수 있게 철저한 준비가 필요함을 강조한다.

박문식 외 지음 | 23,000원 | 신국판 변형 | 288쪽

가상화폐 기본도 모르고 할 뻔했다

가상화폐에 처음 투자하는 사람이 궁금해하는 기초부터 어느 정도 매매 경험을 쌓은 사람들에게 필요한 투자 전망까지, 가상화폐 투자자 모두에게 필요한 내용을 담고 있다. 이 책은 가상화폐 앞에 불어온 변화를 안정적으로 넘어설 가이드가 되어줄 것이다.